公众讲话出彩50招

聂鑫 著

新华出版社

图书在版编目（CIP）数据

公众讲话出彩 50 招 / 聂鑫著 .
北京 : 新华出版社 , 2025.6
ISBN 978-7-5166-8019-3
Ⅰ. H019-49
中国国家版本馆 CIP 数据核字第 20253JC131 号

公众讲话出彩 50 招
作者：聂　鑫
出版发行：新华出版社有限责任公司
（北京市石景山区京原路 8 号　邮编：100040）
印刷：三河市君旺印务有限公司

成品尺寸：170mm × 240mm　1/16　　**印张：**15.5　　**字数：**178 千字
版次：2025 年 9 月第 1 版　　**印次：**2025 年 9 月第 1 次印刷
书号：ISBN 978-7-5166-8019-3　　**定价：**58.00 元

只想和您谈谈心

——致读者的一封信

亲爱的读者们：

在文字的世界里，每一次相遇都是一场奇妙的缘分。当我坐下来撰写这本《公众讲话出彩50招》时，心中满是期待，期望能借它为您搭建起通往出色表达的桥梁，如今，也想借这封信，和您聊聊这本书背后的故事与期许。

一、愿您在语言花园中采撷芬芳

在“塑造强大气场”这一章，我们一起踏上了气场修炼之旅。从克服紧张情绪开始，让您能够自信地站在众人面前，不再被内心的不安束缚。敢于直视一切，让眼神成为传递坚定与自信的窗口。说话铿锵有力，赋予每一个字词以力量，让声音在空气中回荡。运用恰当手势，为讲话增添生动的色彩，使其更具感染力。创造互动氛围，拉近与听众的距离，让交流更加自然流畅。培养辩证思维、创新思维、媒体素养、社会学视角和心理学知识，这些丰富的素养如同花园中五彩斑斓的花朵，为您的语言增添了深度、广度与独特魅力，让您在任何场合都能散发着独特的气场，成为众人瞩目的焦点。

二、愿您于思维星空中点亮航标

在“厘清讲话思路”这一章，我们可以学会明确讲话目的、确定核心观点、拓展讲话思路、选用合适素材，掌握论证技巧等，让讲话从开场的惊艳，到主体逻辑清晰，结尾富有深度，过渡自然流畅，再加上亮眼标题的点缀，构建出完整且精彩的思维框架。在“巧用讲话公式”这一章更是为您在不同讲话场景中提供了清晰的指引，无论是工作汇报、动员部署，还是研讨发言、礼仪致辞等，都能让您迅速组织语言，有条不紊地表达。

三、愿您在应变天地中从容起舞

在“提升语言趣味”这一章为您提供了丰富的武器库，幽默语言、生动事例、形象比喻等让您的讲话充满趣味与活力。而当面对时间缩短、被点发言、突然忘词等意外时，在“应对突发状况”这一章将教会您如何冷静应对，灵活化解。此外，我开通了名为“新笔头”的微信公众号和抖音号，在上面会定期分享讲话的实用技巧、案例分析，以及一些创作心得，期待与您在账号里共探表达奥秘。

希望《公众讲话出彩50招》能成为您提升表达能力的得力助手，在未来的每一次发言中，您都能充满自信，侃侃而谈。愿我们在追求卓越表达的道路上，携手共进，不断成长。

微信公众号：新笔头　　抖音号：1052316252

聂　鑫

2025年8月1日

目录 CONTENTS

一 塑造强大气场

二 厘清讲话思路

三 巧用讲话公式

四 提升语言趣味

[一]

塑造强大气场

01

克服紧张情绪

在进行发言讲话时，紧张情绪常常成为我们表达的阻碍。只要掌握正确的方法，就能有效克服紧张，展现出自信与风采。

▶充分准备，筑牢成功基石

其一，深入研究主题。既要广泛查阅资料，从图书馆专业书籍中获取系统理论，利用互联网搜索学术论文、新闻报道等掌握最新动态，也要进行实地调研，如围绕乡村振兴主题深入农村，与农民、干部交流，了解实际情况，还需与专家学者交流，提前准备针对性问题，拓宽思维视野。

其二，精心组织内容。构建清晰框架，如总分总、并列式、递进式等，以符合听众思维习惯。合理安排详略，对重点内容详细阐述，辅助信息简要提及。注重内容衔接与过渡，运用过渡性词语、句子或段落，增强连贯性。

其三，撰写详细讲稿。语言表达要准确、简洁、生动，避免模糊歧义词汇，去除冗长表达，巧用修辞手法。添加个性化元素，融入自身经历、情感与见解。反复修改润色，检查逻辑、语言，站在听众角度思考，也可请他人审阅。

▶熟悉环境，从容掌控局面

其一，提前到达场地。合理规划行程，根据路程和交通状况确定出发时间，本地要考虑当天活动与道路施工，外地要考虑换乘等环节。提前进行场地踩点，了解位置、入口及到讲话区域的路线，观察停车场位置和容量。

其二，适应场地氛围。观察听众情绪状态，轻松愉悦时讲话可增加幽默元素，严肃专注时语气风格要正式严谨。感受场地物理氛围，根据场地大小调整音量语速。融入场地文化氛围，在历史悠久的礼堂可提及相关历史，在特定行业场所要融入行业术语和价值观。

其三，了解周边设施。了解餐饮等设施的位置等相关信息，以便在休息时推荐给听众，讲话者也可补充能量。

▶反复练习，提升自信表达

其一，制订练习计划。合理分配时间，依据讲话难度分阶段设定目标，如先流畅背诵，再把握节奏，最后注重眼神与肢体配合。同时预留弹性时间应对突发状况。

其二，多种方式练习。模拟真实场景，邀请亲友模拟听众，按正式流程练习，观察反馈并调整。利用录音录像设备，分析语音语调、肢体语言、面部表情等问题。在不同环境与时间段练习，增强适应能力。

其三，不断反思总结。分析表现细节，从内容、表达、肢体语言等方面审视。收集他人反馈，如演讲教练、同事、朋友等不同角度的建议。对比前后进步，录制相同内容练习并对比，对发现的问题，有针对性地改进。

▶自我鼓励，激发内在力量

其一，巧用暗示力量。通过语言暗示，每日对着镜子说积极话语，如“我表达能力强”，讲话前在心里默念打气。利用环境暗示，在常看到的地方张贴激励自己的标签或成功照片，营造正能量氛围。肢体暗示则是在紧张时深呼吸、挺直脊背、展开双肩，讲话前简单热身，讲话中保持得体手势和站姿。

其二，回忆成功经历。详细复盘过往成功讲话，从准备到过程，提取亮点用之。按场合、主题、听众类型归类整理，方便面对新任务时借鉴。还可将经历分享给他人，强化记忆并获取新视角。

其三，关注自身优点。定期自我评估，列出语言表达、内容组织、情感感染等方面优点。向朋友、同事、导师等寻求反馈，汇总形成优点清单。与他人对比，发现自身优势，巩固自信。

▶深度呼吸，放松身心状态

其一，采用腹式呼吸法。选舒适坐姿或躺姿，一手放腹部，一手放胸部。用鼻慢吸气，使腹部像气球膨胀，胸部起伏最小，吸气时长 5 ~ 8 秒。接着用嘴慢呼气，感受腹部收缩，排出废气，呼气 7 ~ 10 秒。重复此过程，专注腹部运动，让呼吸平稳有节奏。

其二，尝试分段呼吸。将一次呼吸过程细分阶段。如先短促吸气

2 ~ 3 秒，停顿 1 秒，再稍长吸气 3 ~ 5 秒，再停顿 1 秒。呼气时，先短促呼气 2 ~ 3 秒，停顿 1 秒，后较长呼气 4 ~ 6 秒。这种方式让呼吸节奏多样，提升呼吸深度与质量。

其三，结合呼吸计数。从 1 开始，吸气时慢数，依自身节奏和舒适度，数到 5 或 10。呼气时，从该数字倒数，每呼气一次减 1，直至数到 1。通过不断重复，把注意力集中在呼吸次数与节奏上，避免思维分散，从而更好地控制呼吸深度与速度，让呼吸规律稳定。

▶放松身体，缓解紧张压力

其一，全身肌肉放松。面部——通过皱眉、眯眼、张嘴、动下巴等动作放松肌肉；肩部和颈部——耸肩、倾身、仰头等方式缓解紧张；手臂和手部——握拳、转臂、摇晃手臂放松；背部和腰部——站立弯腰、坐时靠椅背挤压及扭腰实现放松；腿部和脚部——绷脚尖、勾脚尖、跳动、张收脚趾、转脚踝等动作让肌肉舒展。

其二，尝试多样化的舒缓活动。开展运动活动，如散步、慢跑、瑜伽、游泳等。聆听舒缓音乐，如古典、轻音乐等。投入艺术创作，如绘画、书法、手工制作等。开展社交互动，如与亲友聊天聚会等。

其三，保持喉咙湿润。多喝水，食用润喉食物，如梨、蜂蜜、银耳、百合等，常备润喉糖。

其四，合理安排饮食。保证营养均衡，讲话前一段时间避开辛辣、油炸、咖啡、酒精等刺激性食物。

其五，保证充足睡眠。建立规律时间表，营造安静、黑暗、凉爽的环境，睡前避免电子设备、剧烈运动及刺激性活动，可阅读、泡澡、冥想。

▶分析听众，建立良好连接

其一，了解听众背景。前期与组织者沟通了解听众动机。演讲时观察现场反应，根据听众外貌、穿着及对开场内容的反应，调整演讲内容。

其二，关注听众兴趣。利用社交媒体和网络平台，调研热门话题与兴趣点。回顾过往类似活动反馈，了解听众喜好与不满。与潜在听众直接交流，知晓其期望与兴趣爱好。

其三，满足听众需求。可以提供可操作知识技能，比如讲述职场沟通技巧、绘画示范等。也可以解决实际问题，比如在家庭装修演讲中针对预算、空间利用问题给出方案。还可以给予情感共鸣和激励，比如讲述感人故事，分享经历，激励听众。

▶转移视线，专注讲话内容

其一，选择合适视线落点。关注听众头部上方 10 ~ 20 厘米区域，营造注视感同时避免直接对视。集中视线于远处固定点，如礼堂后方装饰，有助于分散紧张，让表达更沉稳。借助幻灯片等视觉辅助工具，在其与听众间切换视线，增强互动。

其二，避免与紧张源对视。讲话前识别并避开表情严肃、质疑的听众。改变视角，将紧张源视为普通部分，减少心理压力。通过移动脚步、转动身体调整姿态，间接避免对视。

其三，与友好的目光交流。讲话前记住微笑、点头的友好面孔，讲话中与之眼神互动获取信心。扩大交流范围，从不同区域寻找友好听众，营造全场友好氛围。依据对方反应调整讲话节奏，对方理解认同则加快，有困惑就放慢解释。

▶调整姿态，展现自信风采

其一，调整站姿展自信。双脚与肩同宽，均匀承重，膝盖微伸不僵，臀部微收稳骨盆，为身体挺直打基础，让自己在讲话时更自信从容，给听众留下良好初印象。

其二，挺直脊柱显精神。想象头顶有绳上拉，沿绳伸展头、颈、胸、腰、骶部，吸气扩胸拉伸脊柱，背部肌肉适度紧张，避免含胸驼背，展现积极向上的精神风貌，增强讲话气场。

其三，打开双肩提气场。双肩先上耸再后下转动，肩胛骨靠拢脊柱，像展翅膀般打开。日常多练习，如背后交叉双手上抬，时刻提醒自己，以自信姿态助力讲话。

▶管理表情，传递亲和魅力

其一，培养心态促自然。讲话前回忆愉悦瞬间，如漫步自然的惬意，亲友的情感支持，让积极情绪溢于言表，形成自然微笑，拉近与听众距离，增强亲和力。

其二，适时调整显从容。依讲话内容、听众反应、现场氛围调整微笑。轻松话题时灿烂，严肃话题时收敛且亲和，灵活应变，用微笑传递情感，吸引听众注意力。

其三，养成习惯稳微笑。将微笑融入生活点滴，通过表情肌训练提升控制能力，丰富内心修养，使微笑更稳定自然，为讲话添魅力。

▶注重着装，契合场合需求

其一，选择适合场合的服装。先明确场合性质，商务会议穿深色西装套装展现专业，社交聚会着装时尚个性；再考虑听众类型，面对年轻听众融入时尚元素，面对传统听众选择经典风格；最后关注文化地域因素，避免因着装不当引发误会。

其二，注意服装的颜色搭配。遵循色彩和谐原则，如同类色、类似色搭配。依据肤色挑选，肤色白可选鲜艳色，肤色黄避开黄色系，肤色黑选明亮色。同时，要契合场合氛围，喜庆选鲜艳色，庄重选素色，商务选深色系。

其三，保持服装整洁干净。日常定期保养清洁，西装及时刷尘、去污，衬衫重点清洗易脏部位。穿着时注意保护，防止弄脏损坏。参加重要场合前，仔细检查服装有无污渍、破损、褶皱，及时处理问题，确保着装完美。

02

敢于直视一切

在发言讲话中，勇敢地直视是与听众建立深度连接的关键。与听众逐个进行眼神交流、眼神坚定不躲闪以及用眼神强调重点内容，能让我们展现出无畏的勇气和强大的气场。

▶ 与听众逐个进行眼神交流

其一，分区扫视建立联系。在面对听众时，可以将整个会场大致划分成几个区域，比如从左前方、正前方、右前方等不同区域进行扫视。在讲话开始前，先花几秒钟的时间，将目光在每个区域停留片刻，与区域内的部分听众进行短暂的眼神接触。当讲话过程中阐述不同观点或者进入新的话题段落时，再次循环扫视这些区域。这样可以确保在一定时间内，每个区域的听众都能感受到被关注，从而增强他们对讲话内容的关注度。例如，在一个中型会议室进行讲话时，可以把听众分为左、中、右三个区域，开始时对左边区域的听众微笑着对视 2 ~ 3 秒，然后转移到中间区域，再到右边区域。在讲述重点内容时，重复这个扫视过程，让全场听众都能融入到讲话氛围中。

其二，捕捉反馈深化交流。在与听众进行眼神交流的过程中，不仅仅是简单地看过去，还要留意他们的表情和反应。如果看到有听众微微点头，这表示他们对你的观点表示认同，你可以给予一个肯定的眼神回应，进一步强化这种共鸣；如果发现有听众皱着眉头或者露出困惑的表情，那么可以在适当的时候稍作停顿，通过眼神示意询问他们是否有疑问，然后针对性地进行解释或者补充说明。例如，当你讲到一个比较复杂的概念时，看到部分听众有疑惑的神情，这时可以暂停讲话，用关切的眼神看着他们，并说："我看有些朋友似乎对这个概念不太理解，我可以再解释一下。"这样的互动能够让听众感受到你对他们的尊重，也能使讲话更有针对性和实效性。

其三，延长对视增进情感。在扫视全场的过程中，挑选出一些有代表性的听众，与他们进行适当延长的对视。这些代表性听众可以是坐在前排比较专注的人、在行业内有一定影响力的人士或者是在互动环节比较积极的人。与他们延长对视的时间可以达到 5 ~ 10 秒，在对视过程中，可以加入一些细微的情感表达，如真诚的微笑、肯定的点头等。这种深度的眼神交流可以拉近与特定听众的距离，同时也能通过他们的影响力，带动周围听众对你的关注和认可。例如，在一场行业会议的讲话中，你注意到前排有一位行业专家一直在认真聆听，你可以在讲述关键观点时，与这位专家对视 5 秒左右，同时微笑点头，让他感受到你对他的重视，也让其他听众看到你与专家之间的交流与默契。

▶眼神坚定，不躲闪

其一，塑造沉稳心态。要明白讲话是一个展示自我的机会，而不是一场必须完美的表演。接受自己可能出现的不完美，将注意力更多地放在与听众的真诚沟通上。在讲话前，可以进行一些放松的练习，比如深呼吸、简单的伸展运动等，让身体和心灵都处于一种松弛的状态。例如，在即将开始一场公开演讲时，先到后台安静的角落做几次深呼吸，闭上眼睛，想象自己在一个轻松友好的环境中与朋友聊天，把这种平和的心态带到演讲台上，从而使眼神自然地呈现出坚定。

其二，克服心理障碍。很多人在公众场合讲话时眼神躲闪，往往是因为存在一些心理障碍，如害怕被评判、担心出错等。要克服这些障碍，需要从认知上进行调整。要明白每个人都可能会犯错误，而且听众来听讲话更多的是想要获取有价值的信息，而不是专门来挑毛病的。可以通过逐渐增加在公众场合讲话的机会来脱敏，从面对小范围的熟悉人群开始，慢慢过渡到更大规模的陌生人群。例如，先在部门内部会议上讲话，当逐渐适应后，再参加公司级别的会议讲话。同时，在讲话过程中，如果出现了小的失误或者口误，不要过于纠结，而是保持镇定，继续以坚定的眼神和正常的语速进行下去，让自己的心态变得更加坚韧。

其三，训练眼神定力。通过专门的训练来提高眼神的坚定程度。可以进行盯点训练，选择一个固定的点，比如墙上的一个标记或者远处的一个物体，集中注意力盯着它看，每次持续 30 秒到 1 分钟，其间保持眼神不游离、不晃动。还可以进行对视训练，与朋友或者同事进行面对面的对视练习，在对视过程中，双方都努力保持眼神的坚定，互相挑战和激励。另外，在日常生活中，也可以注意在与人交流时保持眼神的专注和稳定，无论是在与家人聊天还是与陌生人沟通时，都养成良好的眼神习惯。这样经过长期的训练，在讲话时就能更加自如地展现出坚定的眼神。

▶用眼神强调重点内容

其一，加重眼神力度。在讲到重点内容时，通过加大眼神的力度来吸引听众的注意力。这就如同在讲话中提高音量或者放慢语速一样，是一种强调的方式。可以微微眯起眼睛，让眼神变得更加锐利，同时将目光聚焦在关键的词语或者段落上。例如，在讲述“创新是企业发展的核心动力”这个重点内容时，当说到“创新”这个词的时候，迅速微眯眼睛，将目光紧紧地锁定在这个词上，让听众能够明显地感受到这个词的重要性。这种加重眼神力度的做法能够使重点内容在听众的脑海中留下更深刻的印象。

其二，与空间结合。利用空间位置来配合眼神强调重点内容。比如在讲台上可以通过在不同位置的移动，将重点内容与特定的空间区域相结合。当强调某个重点时，移动到讲台的前方中间位置，同时用眼神聚焦于听众，让听众在视觉上形成重点与特定空间的关联。例如，在讲述一个重要项目的核心成果时，站在讲台的醒目位置，以强烈的眼神和稳定的姿态将信息传递出去，使听众更容易记住重点。

其三，运用眼神变化。通过不同的眼神变化来突出重点内容。例如，在讲述一个令人振奋的好消息时，可以让眼神从原本的沉稳状态瞬间变得明亮而兴奋，这种眼神的变化能够迅速抓住听众的情绪，使他们更加投入到重点内容的聆听中。另外，在讲述一些严肃的重点内容时，可以让眼神变得深邃而凝重，让听众感受到内容的严肃性和重要性。通过灵活运用眼神的变化，可以让重点内容更加丰富多彩，也能更好地调动听众的情绪和注意力。

03

说话铿锵有力

话语如鼓点，节奏与力度兼具方能直击人心。在发言讲话的情境中，想要做到说话铿锵有力，就需要从锤炼语言、把控语速、巧用停顿这几个关键方面入手，全方位提升表达能力，让每一次发言都充满感染力与说服力，展现强大的语言掌控力。

▶锤炼语言，确保精准有力

其一，语气肯定，不含糊。首先是强化自我肯定意识。日常生活中，哪怕成功整理房间、学会新菜品，都要积极暗示自己“我可以”，用“我有能力做好”替代“我可能做不好”的负面想法，增强自信心。其次，注重声音训练技巧。选激情文章朗读，提高音量，增强声音穿透力。注意语调起伏，如强调“坚持是实现梦想的关键”时，提高声调、放慢语速突出重点；运用深吸气缓呼气的技巧，保证声音稳定有力。最后，深入熟悉讲话内容。准备前深入研究主题，收集、整理资料，划分内容板块，准备充足案例，反复练习直至表达流畅，从而胸有成竹传递信息。此外，借鉴优秀演讲者经验。观看帕特里克·亨利的《不自由，毋宁死》、马丁·路德·金的《我有一个梦想》等演讲，学习语速、停顿与情感表达，模仿练习。

其二，用词准确，不笼统。首先，广泛积累词汇量。通过阅读文学、专业文献等不同领域资料，及时查阅记录新词，掌握词汇知识，让表达更精准。其次，依据场合对象选词。专业会议用专业术语展现素养，方便同行理解；对普通大众科普，需用通俗词汇，这样能让听众更好地理解和接受信息。最后，审慎斟酌词汇含义。避免使用模糊词，精准描述数量、程度，如将“很多人”改为“大约两百人”，“成绩很好”改为“成绩在90分以上”，减少歧义。此外，进行预演并收集反馈。

其三，表意清晰，不晦涩。首先，优化句子结构。应确保句子结构简单明了，尽量减少长句的使用。例如，将“那个在昨天的会议上提出了……的员工获得了领导的表扬”，拆分为“昨天会议上，有个员工提出创新方案。该方案影响重大，员工因此获表扬”，使信息传递更清晰。其次，遵循逻辑顺序。阐述观点可按时间、因果、空间等逻辑展开，如按启动、执行、收尾的时间顺序讲述项目，或依起因、经过、结果叙述历史事件，便于听众把握内容全貌。再次，运用实例数据支撑观点。使用具体的事例和数据来支持观点，能够使抽象的概念具象化，增强观点的可信度和说服力。如讲述“科技创新推动经济发展”时，以苹果公司推出iPhone系列手机带动产业链为例，辅以“首季度营收增长15%”的数据，让抽象概念更直观。最后，避免晦涩难懂。讲话时尽量规避生僻词汇，必要时加以解释。同时保持语言简洁，避免冗长表述，确保在有限时间内，听众能精准理解核心内容。

▶把控语速，增强表达张力

其一，强调重点前停顿。首先，在强调重点前停顿，能营造期待感。如在科普讲解中提到“宇宙中除了我们熟知的恒星、行星，还有一种神秘的天体——黑洞”停顿2秒左右，让听众聚焦后续内容。其次，停顿结合语气变化。将停顿与语气变化相结合，能显著增强对重点的强调效果。如叙述历史事件时，平稳铺垫后突然降低音量停顿2～3秒，再加重语气说出“而正是这个看似微不足道的决定，却成为战争胜负的转折点”，能够有效吸引听众注意力。最后，借助肢体语言辅助停顿。商业演讲强调市场趋势时，停顿瞬间抬手，再指向图表数据说出重点，从视听双重维度加深听众对重点的理解与记忆。

其二，引发思考时停顿。首先，提问后停顿促思考。提出启发性问题后，给予数秒停顿，让听众有时间思索，激发思维活力。其次，阐述观点时停顿助理解。面对复杂或争议性观点，停顿数秒供听众消化。像探讨“人工智能是否会取代人类工作”，陈述其优劣势后停顿，让听众结合认知思考两者关系，便于听众理解。最后，呈现矛盾后停顿激思维。如讲述历史故事或商业案例时，抛出矛盾后停顿数秒，促使听众思考矛盾成因与解决办法。

其三，转换话题时停顿。首先，用停顿实现自然过渡。从一个话题转向另一个话题时，数秒的停顿能避免生硬衔接。如讲完传统文化传承，停顿后说“接下来，我们把目光转向现代文化的创新发展”，让听众做好心理准备。其次，用停顿总结前文逻辑。转换话题前，通过数秒停顿总结前文，帮助听众理解逻辑关系。例如，艺术史讲座中，从古典主义艺术过渡到浪漫主义艺术时，先总结古典主义的特点及意义，停顿后再介绍浪漫主义艺术风格，使听众清晰把握两者关系。

▶倾注情感，提升表达温度

其一，情感共鸣。寻找与听众的情感共同点，引发共鸣。可以通过讲述自己的经历或引用感人的故事，触动听众的情感。如全国优秀教师张桂梅扎根贫困山区，创办女子高中，以坚韧与大爱触动听众，让人们感悟教育扶贫者的无私。分享自身经历同样有效，将自己面对困难时的坚持、逐梦路上的挫折与收获真诚道来，因听众或许有相似体验，从而更易产生共鸣，也能借此赢得信任。此外，引用感人的诗句、名言警句或电影台词，像泰戈尔的诗句“生如夏花之绚烂，死如秋叶之静美”，电影《阿甘正传》中的台词“生活就像一盒巧克力，你永远不知道你会得到什么”等，也能触动听众内心，激发情感共鸣，助力观点更好地被理解与接受。

其二，适度渲染。在讲话中，适度渲染情感是增强感染力的关键。过度渲染易显虚假，适度表达才能打动听众。奥黛丽·赫本为联合国儿童基金会演讲时，以温柔坚定的语气讲述儿童困境，用真切的眼神传递悲悯，成功唤起全球关注。优秀演讲者讲述志愿者经历时，也会用具体事例和真实感受传递热情，而非夸大自我贡献。想要做到适度渲染，需保持情感真实，基于自身经历；掌握好表达尺度，避免语气、表情过度夸张；同时确保情感渲染与讲话内容契合，让情感为主题服务，让讲话更生动感人。

04

运用恰当手势

手势是语言的灵动翅膀。手势与讲话内容配合、幅度适中、自然流畅不生硬，能让我们的发言讲话更加生动形象，富有感染力。

▶ 手势与讲话内容配合

其一，数字手势直观呈现。在表达数字和数量概念时，手势可以直观地辅助说明。比如当提及“三个主要因素”时，可以依次伸出三根手指，并且根据讲解的节奏，每提到一个因素就微微晃动一下相应的手指，让听众能更直观地理解数量。若说到“数量增长了一倍”，可以双手从并拢的状态慢慢向两侧展开，通过双手之间距离的变化来体现数量的翻倍。这样的手势与数字内容相结合，能使抽象的数量概念变得具体可感。

其二，空间手势勾勒方位。在描述空间和方位关系时，手势的作用不可忽视。当讲述“在我们的前方有一片广阔的区域”时，将手掌向前方伸展并微微展开，仿佛在指示那个空间的位置。若说到“从左边移动到右边”，可以用手从身体左侧划向右侧，让听众清晰地明白方位的变化。对于复杂的空间布局，如建筑的内部结构等，可以通过双手的配合，在空中勾勒出大致的轮廓，使听众在脑海中构建出空间图像。

其三，情感手势强化共鸣。在表达情感和态度方面，手势能增强感染力。当表达喜爱之情时，比如“我对这个项目充满了热爱”，可以将双手环抱在胸前，做出一个温暖的环抱动作，仿佛把喜爱的对象拥在怀中。而在表达愤怒时，如“这种不公平的现象让我非常愤怒”，可以紧握拳头，用力地向下挥动，通过这个激烈的手势来传达愤怒的情绪。当表达希望和期待时，双手可以向上伸展，好像在触摸美好的未来，让听众能感受到你内心的向往。

▶手势幅度适中，不过大或过小

其一，依体型定手势幅度。考虑自身的体型和肢体特点来把握手势幅度。如果是身材高大、肢体较为舒展的人，手势幅度可以相对大一些，但仍要保持在合理的范围内。例如，在表达强烈的情感时，手臂的挥动可以稍微超过身体的宽度，但不要过度夸张到失去平衡。而对于身材较为小巧的人，过大的手势可能会显得不协调，所以手势幅度要适当缩小。比如在强调重点时，可能只需要将手伸展到肩膀的宽度左右。

其二，据风格调手势力度。结合讲话的风格和氛围来把握手势力度。在激情澎湃的演讲风格中，手势幅度可以在关键时刻适度增大，以增强感染力。但在较为沉稳、内敛的讲话风格中，手势幅度应保持适中，避免过于张扬。比如在进行学术报告时，手势主要是为了辅助说明，幅度不宜过大，以免破坏学术的严谨氛围。

其三，按场合变手势大小。根据听众的距离和场地的大小来把握手势大小。在近距离面对听众时，如在小型会议室中与同事交流，手势幅度要小，主要在身体前方的有限区域内活动，这样能给人一种亲切、自然的感觉。而在大型的礼堂或者广场进行演讲时，为了让远处的观众也能看到，手势幅度就需要相应地增大。例如，在强调重要观点时，可以将手臂伸展到最大的合理范围，确保全场观众都能注意到你的手势。

▶手势自然流畅，不生硬

其一，取法日常，返璞归真。从日常生活的肢体动作中汲取灵感。观察自己在自然状态下的动作，如在与朋友轻松聊天时、在表达自己的想法时所做出的自然手势。把这些自然的动作运用到讲话中，比如在讲话中需要表达思考或者犹豫时，可以像平时那样微微皱眉，同时用手轻轻摸着下巴，这样的手势会显得非常自然。

其二，过渡自然，衔接无痕。注重手势的连贯性。在讲话过程中，手势之间应该有自然的过渡，而不是突然地变换。例如，在从一个观点转换到另一个观点时，如果之前的手势是双手在胸前摊开，那么在转换过程中可以慢慢将双手放下，再根据新的内容做出新的手势。这样的过渡能使手势的变化流畅自然，不显得突兀。

其三，全身配合，形神共融。与身体的其他部位协调配合。不仅要关注手部的动作，还要使手势与头部、肩部、腰部等身体部位的动作协调一致。比如在表达自信时，头部可以微微抬起，同时配合有力的手势，让整个身体语言呈现出一种自信的状态。而在表达谦虚时，身体可以微微前倾，手势也相应地变得柔和、内敛，使身体的各个部分形成一个和谐的整体。

05

创造互动氛围

互动，是发言讲话的活力源泉。在讲话过程中，积极创造互动氛围，能够让听众不再是被动的接收者，而是主动的参与者，使整个讲话充满生机与活力。

▶ 适时提出问题

其一，精心设计问题。在准备讲话时，根据讲话的主题和内容框架，有针对性地设计问题。这些问题要具有一定的启发性和开放性，避免简单回答“是”或“否”的问题。例如，在一个关于企业文化的讲话中，可以提问“在你们心中，我们的企业文化在哪些方面还可以进一步优化和创新”，这样的问题能够引导听众深入思考，并从不同角度给出丰富的答案。同时，问题的难度要适中，既不能过于简单让听众觉得没有挑战性，也不能过于复杂导致听众无从下手。

其二，把握提问时机。在讲话的过程中，要选择合适的时机抛出问题。可以在阐述一个重要观点之后提问，以检验听众是否理解和接受了这个观点。比如在讲解完一个新的营销策略后，询问听众“对于这种新的营销策略，你们认为在实际操作中可能会遇到哪些困难？”这样能及时得到听众的反馈，进一步深化他们对该策略的理解。也可以在话题转换的时候提问，吸引听众的注意力，让他们更好地跟随讲话的节奏进入下一个话题。

其三，引导听众回答。提出问题后，不能只是简单地等待听众回答，而要积极地引导他们。可以给出一些提示或者引导性的话语，让听众知道从哪些方面思考问题。例如，在问一个关于环保措施的问题时，可以说“大家可以从日常生活、工作场景及社会活动等方面来谈谈你们的想法”。同时，要保持耐心，给听众足够的时间去思考和组织答案。对于听众的回答，要给予积极的回应，如肯定、鼓励或者进一步追问，让他们感受到自己的参与是有价值的。

▶适当走动位置

其一，了解场地布局。在讲话前，仔细观察场地的大小、形状、座位分布及讲台位置等信息。根据场地的特点来规划自己的走动路线。如果场地比较大，讲台在中间，可以在讲台周围的不同区域进行走动，让各个方向的听众都能感受到你的关注。如果场地是狭长形的，可以沿着过道适当走动，增加与听众的亲近感。

其二，结合内容走动。走动不能是无目的的乱走，而要与讲话的内容相配合。在讲述不同的部分或者重点内容时，通过走动来强调或者转换话题。比如在讲述公司过去的发展历程时，可以在讲台的一侧停留；当讲到未来的发展规划时，慢慢地走到讲台的另一侧，通过位置的变化让听众更直观地感受到话题的转换。在强调一个重要观点时，可以走到离听众更近的地方，增强与他们的互动和交流。

其三，注意走动节奏。走动的速度和频率要适中，避免过于频繁或者过于缓慢的走动。如果走动太频繁，会让听众感到眼花缭乱，分散他们的注意力；如果走动太慢，又会失去与听众互动的效果。在重要的观点阐述或者情感表达时，可以适当放慢走动速度，甚至暂停走动，让听众集中注意力听你讲话。同时，在走动过程中，要保持身体姿态的稳定和优雅，不要有过于夸张或者不协调的动作。

▶鼓励听众模仿

其一，使用简易动作。在讲话中，引入一些简单的动作，让听众能够轻松地模仿。这些动作可以是与讲话主题相关的手势，比如，在讲一个关于团结的话题时，可以做一个双手环抱的动作，表示团结一心。

其二，强化示范引导。在让听众模仿之前，自己要先进行清晰的示范。展示动作的具体步骤和要点，让听众明白如何去做。可以边示范边讲解，在示范完之后，要给予听众足够的时间去练习和模仿。同时，在他们模仿的过程中，要观察他们的动作，及时给予纠正和指导。

其三，创造模仿氛围。通过语言和情绪的调动，营造出一个积极的模仿氛围。用热情、欢快的语气鼓励听众参与模仿，让他们感受到这是一个有趣的活动。同时，可以对积极参与模仿的听众给予表扬和奖励，如口头表扬、送小礼品等，激发其他听众的参与积极性，让更多的人加入到模仿的行列中来。

▶制造意外惊喜

其一，准备惊喜元素。在讲话前，精心策划和准备一些意外的惊喜元素。这些元素可以是实物礼品，如在一个产品推广会上，准备一些与产品相关的小礼品，在适当的时候送给听众；也可以是一些特别的表演，比如邀请一位神秘嘉宾突然出现进行表演，或者自己准备一个才艺表演，如唱歌、魔术等。例如，在一个员工表彰大会上，准备一些员工意想不到的奖金或者晋升机会作为惊喜，让他们在感动之余更加积极地投入到工作中。

其二，把握惊喜时机。要选择合适的时机推出惊喜，以达到最佳的效果。可以在讲话的高潮部分或者在听众情绪比较低落的时候推出惊喜，起到振奋人心的作用。比如在一个长时间的培训讲座中，当听众开始出现疲劳和注意力不集中的情况时，突然推出一个有趣的互动游戏或者发放小礼品，让他们重新兴奋起来。也可以在一个重要观点阐述完之后，通过惊喜来强化这个观点的印象，如在讲述完环保的重要性之后，送上一些环保小礼品，让听众更深刻地记住环保的意义。

其三，增强惊喜体验。在推出惊喜的过程中，要注重与听众的互动和体验。让听众不仅仅是接受惊喜，而是参与到惊喜的创造过程中来。例如，在一个抽奖活动中，让听众自己上台抽奖，增加他们的参与感和期待感。同时，在惊喜过后，要及时引导听众将惊喜带来的兴奋和热情转化为对讲话内容的关注和思考，让惊喜真正为讲话服务。

▶增加互动游戏

其一，设计有趣游戏。根据讲话的主题和受众群体，设计一些既有趣又有教育意义的互动游戏。游戏的规则要简单明了，易于操作。例如，在一个青少年教育讲座中，可以设计一个知识问答游戏，将讲座中的知识点融入游戏的问题中，也可以设计一些团队合作游戏，如接力比赛、拼图游戏等。

其二，精心组织游戏。在游戏开始前，要清楚地讲解游戏规则和注意事项，确保听众明白如何参与游戏。在游戏过程中，要充当裁判或者组织者的角色，维持游戏的秩序，确保游戏的公平性。例如，在一个抢答游戏中，要准确判断抢答的先后顺序，及时处理违规行为。同时，要关注游戏的进度和参与者的情绪，根据实际情况调整游戏的难度或者时间。

其三，深刻总结游戏。游戏结束后，要及时对游戏进行总结和回顾，引导听众从游戏中获得启示和收获。可以让参与者分享自己在游戏中的感受和体会，然后将这些体会与讲话的主题相结合，进一步深化讲话的内容。例如，在一个关于沟通技巧的讲话中，在一个角色扮演游戏结束后，让参与者谈谈在游戏中遇到的沟通问题及如何解决这些问题，然后总结出有效的沟通技巧，让听众在游戏中真正学到知识。

06

培养辩证思维

辩证思维如同智慧的灯塔，指引我们在发言讲话中全面客观地看待问题。对立统一思维，揭示事物的两面性；普遍联系思维，洞察事物间的关联；变动发展思维，把握事物的动态变化。

▶对立统一思维

对立统一思维是一种深刻的哲学思维方式，它强调事物内部存在着相互对立又相互统一的两个方面。在讲话中，运用对立统一思维可以使观点更加深刻、全面，增强讲话的说服力。

对立统一思维在生活和历史中有着广泛的体现。例如，宋代苏轼，仕途坎坷，屡遭贬谪。他既有“大江东去，浪淘尽，千古风流人物”的豪迈旷达，又有“十年生死两茫茫”的细腻哀愁。于豪放与婉约间，展现出对立统一的情感世界与处世心态。

又如，春秋时期的孔子，在教育理念上有对立统一思维。他既倡导“有教无类”，广纳弟子不论出身；又强调“因材施教”，根据学生不同特质予以不同教导，二者相辅相成，推动了教育的发展与文化的传承。

在日常生活中，我们也常常能体会到对立统一的思维。例如，工作和休息是一对矛盾，只有合理安排工作和休息时间，才能保持高效的工作状态和健康的身体。又如，竞争与合作也是一对矛盾，在市场经济中，企业之间既存在竞争，又需要合作。通过竞争，企业可以提高自身的竞争力；通过合作，企业可以实现资源共享、优势互补，共同开拓市场。

对立统一思维是一种非常重要的思维方式，在讲话中运用对立统一思维，可以使我们的观点更加深刻、全面，更具有说服力。我们可以通过学习哲学、历史、科学等知识，不断提高自己的对立统一思维能力，从而在讲话中更好地表达自己的观点。

▶普遍联系思维

普遍联系思维是一种认识世界的重要方式，它强调事物之间不是孤立存在的，而是相互联系、相互影响的。在讲话中，运用普遍联系思维可以拓展话题的广度和深度，使讲话更加生动、富有感染力。

历史上有许多名人的事迹体现了普遍联系思维。例如，古希腊哲学家亚里士多德，他的思想涵盖了哲学、物理学、生物学、伦理学等多个领域。亚里士多德认识到不同学科之间的相互联系，他通过对自然现象的观察和思考，提出了许多深刻的哲学观点和科学理论。他的思想对西方文化的发展产生了深远的影响。

在现代社会，普遍联系思维也得到了广泛的应用。例如，在环境保护领域，人们认识到地球上的生态系统是一个相互联系的整体。任何一个地区的环境破坏都可能对其他地区产生影响，甚至影响全球的生态平衡。因此，各国必须加强合作，共同应对环境问题。

在经济领域，全球化的趋势使得各国之间的经济联系更加紧密。一个国家的经济政策和经济形势会对其他国家产生影响，而其他国家的经济变化也会反过来影响这个国家。例如，2008 年国际金融危机爆发后，各国经济都受到了不同程度的冲击，这充分体现了经济领域的普遍联系。

在日常生活中，我们也可以运用普遍联系思维来更好地理解和处理问题。例如，当我们遇到一个困难时，可以从多个角度去思考，寻找与其他事物的联系，从而找到解决问题的方法。又如，在与人交往中，我们要认识到自己的行为会对他人产生影响，他人的行为也会影响到自己，因此要学会换位思考，尊重他人，建立良好的人际关系。

普遍联系思维是一种非常重要的思维方式，在脱稿讲话中运用普遍联系思维，可以使我们的讲话更加丰富、有深度。我们可以通过学习历史、科学、文化等知识，培养自己的普遍联系思维能力，从而更好地表达自己的观点，与他人进行交流。

▶变化发展思维

变化发展思维是一种以动态的眼光看待世界的思维方式，它强调事物是不断变化和发展的。在讲话中，运用变化发展思维可以使讲话更具前瞻性和适应性，更好地应对不断变化的情况。

历史上有许多名人的思想观点体现了变化发展思维。例如，古希腊演说家普罗泰戈拉。在古希腊社会的发展过程中，政治格局、文化思潮等都在不断变化。普罗泰戈拉的演说内容也随之不断变动，从对公民基本权利的强调逐渐拓展到对不同城邦政治制度优劣的分析。他的演说随着时代的发展而发展，既反映了当时社会的状况，也展现了他对社会发展新趋势的思考，为后人研究古希腊社会提供了重要素材。

在现代社会，变化发展思维更是至关重要。随着科技的飞速发展和社会的不断进步，我们所处的世界每时每刻都在发生着变化。在经济领域，新的商业模式和技术不断涌现，传统产业面临着巨大的挑战。企业只有具备变动发展思维，不断创新和转型，才能在激烈的市场竞争中立于不败之地。

在教育领域，也需要运用变化发展思维。随着社会的发展，对人才的需求也在不断变化。教育者要根据社会的需求，不断调整教育内容和方法，培养出具有创新精神和实践能力的高素质人才。

在个人成长方面，变化发展思维同样重要。我们要认识到自己是不断发展变化的，要不断学习新知识、新技能，提高自己的综合素质。同时，我们也要适应社会的变化，调整自己的心态和行为方式，积极面对生活中的挑战。

变动发展思维是一种非常重要的思维方式，在讲话中运用变动发展思维，可以使我们的讲话更具活力和感染力。我们可以通过关注时事、学习新知识、勇于尝试新事物等方式，培养自己的变化发展思维能力，从而更好地适应社会的发展和变化。

07

培养创新思维

在发言讲话中，创新思维是打破陈规、脱颖而出的关键利器。它能让讲话内容新颖独特、引人入胜，助力我们在表达中展现个性，提升讲话的感染力与说服力。

▶逆向思维

逆向思维是一种打破常规、从相反方向思考问题的创新思维方式。它能够帮助我们突破传统观念的束缚，开拓新的思路，产生意想不到的效果。

在历史上，有许多名人运用逆向思维取得了巨大的成功。福特汽车公司的创始人亨利·福特就是逆向思维的践行者。在汽车刚刚发明的时候，汽车是一种非常昂贵的奢侈品，只有少数富人才能买得起。福特却认为，如果能够大规模生产汽车，降低成本，就可以让更多的人买得起汽车。于是，他发明了流水线生产方式，大大提高了汽车的生产效率，降低了成本，使汽车走进了千家万户。

苹果公司推出的iPhone手机，打破了传统手机的设计模式，将手机变成了一个集通信、娱乐、办公等多种功能于一身的智能终端。这种创新的设计理念，不仅改变了人们的生活方式，也为苹果公司带来了巨大的商业成功。

又如，滴滴和优步等网约车平台的出现，也是对传统出租车行业的一种逆向思维挑战。传统出租车行业存在着车辆供应不足、服务质量不高、价格不透明等问题。而网约车平台利用互联网技术，将闲置的私家车资源整合起来，为用户提供更加便捷、高效、个性化的出行服务。这种创新的商业模式，不仅改变了人们的出行方式，也对传统出租车行业产生了巨大的冲击。

逆向思维是一种非常重要的创新思维方式。在讲话中，我们可以运用逆向思维，从不同的角度去思考问题，提出新颖的观点和见解，从而吸引读者的注意力，提高讲话的质量和影响力。

▶侧向思维

侧向思维是一种从侧面或其他角度去思考问题的创新思维方式。它能够帮助我们拓宽思路，发现新的解决问题的途径。

在历史上，有很多名人运用侧向思维取得了成功。例如，阿基米德在洗澡时发现了浮力定律。当时，国王让阿基米德鉴定一顶皇冠是不是纯金的，但不能损坏皇冠。阿基米德冥思苦想了很久都没有找到解决办法。有一天，他在洗澡时，看到水从浴缸里溢出来，突然想到了可以用排水法来测量皇冠的体积，从而计算出皇冠的密度，判断其是不是纯金的。这个故事就是侧向思维的一个典型例子，阿基米德从洗澡这个看似与问题无关的事情中，找到了解决问题的方法。

另一个例子是美国发明家本杰明·富兰克林。在一次实验中，他想把天上的雷电引下来，但一直没有成功。后来，他看到风筝在风中飞舞，突然想到可以用风筝来引雷电。于是，他制作了一个特殊的风筝，在风筝上安装了一根金属丝，然后在雨中放飞风筝。当风筝被雷电击中时，金属丝上产生了电流，富兰克林成功地把雷电引了下来。这个实验不仅证明了雷电是一种自然现象，也为后来的电学研究奠定了基础。

在现代商业领域，也有很多企业运用侧向思维获得了成功。例如，星巴克咖啡。传统的咖啡店通常只提供咖啡和简单的点心，而星巴克却将咖啡店打造成了一个舒适、温馨的社交场所，提供免费的无线网络、舒适的座椅、优质的音乐等服务。这种创新的商业模式，吸引了大量的消费者，使星巴克成了全球最著名的咖啡品牌之一。

侧向思维是一种非常重要的创新思维方式。在讲话中，我们可以运用侧向思维，从不同的角度去思考问题，寻找新的解决问题的途径，从而使我们的讲话更加富有创意和吸引力。

▶发散思维

发散思维是一种从一个问题出发，尽可能地想出多种答案的思维过程。它能够激发我们的创造力，产生更多的创意。

在历史上，有很多名人运用发散思维取得了成功。例如，蔡伦在改进造纸术时运用发散思维。他不满足于现有书写材料，尝试多种原料与制作工艺，从麻、树皮到渔网等物，历经无数次实验，最终成功制出轻便且适宜书写的纸张，推动文化传播与发展。

在现代商业领域，也有很多企业运用发散思维获得了成功。例如，3M 公司。3M 公司鼓励员工发挥创造力，提出各种新颖的想法和产品。公司有一个著名的“15% 规则”，即员工可以将 15% 的工作时间用于自己感兴趣的项目上。这种宽松的创新环境激发了员工的发散思维，使 3M 公司推出了许多创新产品，如便利贴、防水砂纸、光学薄膜等。

又如，谷歌公司。谷歌公司以其创新的企业文化和技术实力而闻名于世。公司鼓励员工提出各种疯狂的想法，并为他们提供资源和支持。这种开放的创新氛围激发了员工的发散思维，使谷歌公司推出了许多改变世界的产品和服务，如搜索引擎、谷歌地图、谷歌眼镜等。

发散思维是一种非常重要的创新思维方式。在讲话中，我们可以运用发散思维，从不同的角度去思考问题，提出多种不同的观点和解决方案，从而使我们的讲话更加丰富、有深度、有创意。

08

培养媒体素养

在信息时代，媒体素养至关重要。学会信息辨别与筛选，确保讲话依据的准确性；掌握新媒体传播特点，适应时代需求；运用媒体公关技巧，有效传达信息；正确利用媒体发声，扩大讲话的影响力，以良好的媒体素养提升讲话的效果。

▶明辨信息真伪

在当今信息爆炸的时代，具备良好的信息辨别与筛选能力对于讲话发言至关重要。我们每天都被海量的信息包围，其中不乏虚假、误导性的内容。如果不能准确地辨别和筛选信息，就很容易在讲话中出现错误，影响自己的形象和公信力。

美国著名记者爱德华·默罗就是一位信息辨别与筛选的高手。在二战期间，他通过广播向美国民众传递真实的战争情况。他深入战场，亲自采访，对收集到的信息进行严格的筛选和核实。他不会轻易相信未经证实的传闻，而是通过多渠道的调查和验证，确保所传播的信息真实可靠。正是因为他的严谨和负责，他的广播节目成了美国民众了解战争的重要窗口，他也赢得了广泛的尊重和信任。

在现代社会，信息辨别与筛选的能力对于每个人都至关重要。例如，一位企业领导者在讲话时，如果不能准确地辨别市场信息的真伪，就可能做出错误的决策，影响企业的发展。一位学者在发表学术观点时，如果没有对相关信息进行严格的筛选和核实，就可能出现错误的结论，影响自己的学术声誉。

要提高信息辨别与筛选的能力，我们可以从以下几个方面入手。首先，要保持怀疑的态度。对于接收到的信息，不要轻易相信，要多问几个为什么，通过多渠道的核实来确认其真实性。其次，要提高自己的信息素养。了解信息的来源、传播途径和可信度评估方法，学会运用批判性思维来分析信息。最后，要建立自己的信息网络。关注可靠的信息渠道，与专业人士交流，获取更多有价值的信息。

信息辨别与筛选是发言讲话的重要基础。只有具备良好的信息辨别与筛选能力，我们才能在讲话中传递准确、可靠的信息，赢得听众的信任和尊重。

▶把握媒体特性

随着互联网的发展，新媒体已经成为信息传播的重要渠道。了解新媒体的传播特点，对于发言讲话者来说至关重要。新媒体具有传播速度快、覆盖面广、互动性强等特点，这些特点既为讲话带来了机遇，也带来了挑战。

对于讲话者来说，新媒体的传播特点意味着他们需要更加注重讲话的内容和形式。一方面，讲话内容要具有吸引力和价值，能够引起听众的兴趣和共鸣。可以结合热点话题，运用生动的案例和故事，让讲话更加生动有趣。另一方面，讲话形式要适应新媒体的传播特点。

可以采用短视频、直播等形式，增加互动环节，让听众更好地参与到讲话中来。

同时，讲话者也需要注意新媒体传播的风险。由于新媒体的信息传播速度快，一旦出现错误或不当言论，很容易被迅速传播和放大，造成不良影响。因此，在利用新媒体进行发言讲话时，要更加谨慎地选择语言，避免出现错误和争议。

了解新媒体的传播特点，对于讲话者来说是非常必要的。只有充分利用新媒体的优势，同时注意规避风险，才能更好地利用新媒体平台进行有效的发言讲话。

▶善用公关技巧

在发言讲话中，掌握一定的媒体公关技巧可以帮助讲话者更好地与媒体互动，传递自己的信息，提升自己的形象。媒体公关技巧包括与记者建立良好的关系、应对媒体提问、危机公关等方面。

一位企业高管在面对媒体采访时，要学会与记者建立良好的关系，提供有价值的信息，同时也要注意保护企业的商业机密。一位公众人物在遇到危机事件时，要及时采取有效的危机公关措施，通过媒体向公众解释情况，化解危机。

掌握媒体公关技巧，首先要了解媒体的工作方式和需求。记者通常需要有新闻价值的信息，因此讲话者要能够提供有趣、新颖、有深度的内容。其次，要学会与记者沟通。在接受采访时，要保持真诚、坦率的态度，回答问题要简洁明了，避免冗长和模糊。最后，要做好危机公关的准备。提前制定危机公关预案，当危机发生时，能够迅速采取行动，控制事态的发展。

总之，媒体公关技巧是讲话者必备的技能之一。通过掌握这些技巧，讲话者可以更好地与媒体互动，传递自己的信息，提升自己的形象。

▶巧借媒体发声

在当今社会，媒体是人们获取信息和表达意见的重要平台。正确利用媒体发声，可以让我们的声音被更多人听到，传递正能量，推动社会的进步。

对于普通人来说，正确利用媒体发声可以产生积极的影响。例如，一位环保志愿者可以通过社交媒体、博客等平台，分享自己的环保经验和理念，呼吁更多的人关注环境保护。一位公益人士可以通过媒体报道，宣传自己的公益项目，吸引更多的人参与到公益事业中来。

要正确利用媒体发声，首先要明确自己的目的和诉求。我们要清楚地知道自己想要表达什么，想要达到什么效果。其次，要选择合适的媒体平台。不同的媒体平台有不同的特点和受众群体，我们要根据自己的目的和诉求选择合适的平台。最后，要注意语言和表达方式。我们的发言要简洁明了、富有感染力，能够引起听众的共鸣。

正确利用媒体发声是我们每个人的权利和责任。通过正确利用媒体，我们可以传递正能量，推动社会的进步。

09

培养社会学视角

社会学视角赋予发言讲话更广阔的视野。分析社会阶层结构，理解社会差异；解读社会文化现象，把握时代精神；探究社会问题的成因与对策，展现社会责任感；运用社会学理论在实践中，使讲话更具深度和现实意义。

▶社会阶层结构分析

社会阶层结构是一个复杂而多元的体系，它反映了社会中不同群体之间的地位、权力和资源分配差异。理解社会阶层结构对于发言讲话具有重要意义，因为它可以帮助我们更好地把握不同受众的需求和关注点，从而使讲话更具针对性和说服力。

在当今社会，社会阶层的划分不再仅仅基于传统的经济因素，还包括教育水平、职业地位、社会声望等多个维度。例如，知识精英阶层通常具有较高的教育背景和专业技能，他们在社会中扮演着重要的决策和引领角色。

另一个重要的社会阶层是中等收入阶层。中等收入阶层通常具有稳定的收入、较高的教育水平和一定的消费能力。他们注重生活品质，关注教育、医疗、养老等社会问题。在许多国家，中等收入阶层的壮大被视为社会稳定和经济发展的重要标志。例如，在一些发达国家，中等收入阶层占比较高，他们积极参与社会事务，推动社会改革和进步。其完善的社会保障体系和高质量的公共服务为中等收入阶层提供了良好的生活条件，使得中等收入阶层在社会中发挥着稳定器的作用。

社会底层群体也是社会阶层结构中不可忽视的一部分。他们往往面临着经济困难、教育机会不足、就业不稳定等问题。然而，社会底层群体中也不乏努力奋斗、积极向上的人。

不同社会阶层之间存在着一定的流动机制。教育是实现社会阶层向上流动的重要途径之一。通过接受良好的教育，人们可以获得更多的知识和技能，提高自己的职业竞争力，从而有机会进入更高的社会阶层。此外，创业创新也为人们提供了实现阶层跨越的机会。许多成功的企业家都是从底层崛起，通过自己的努力和创新精神，创造了巨大的财富和社会价值。

在发言讲话中，我们可以运用社会阶层结构分析来更好地理解受众。如果面对的是知识精英阶层，我们可以强调创新、前瞻性和专业性；如果是中等收入阶层，我们可以关注他们的生活需求和社会关切；如果是社会底层群体，我们可以给予他们希望和鼓励，强调社会公平和机会平等。

▶社会文化现象解读

社会文化现象是社会生活的重要组成部分，它反映了一个社会的价值观、信仰、行为规范和审美观念。理解社会文化现象对于发言讲话至关重要，因为它可以帮助我们更好地与听众建立共鸣，使讲话更具感染力和影响力。

一种常见的社会文化现象是流行文化。流行文化包括音乐、电影、时尚、体育等多个领域，它具有广泛的传播性和影响力。传统文化也是社会文化现象的重要组成部分。传统文化承载着一个民族的历史记忆和文化基因，它具有深厚的底蕴和独特的魅力。以中国的传统文化为例，如京剧、武术、书法、绘画等，这些传统文化形式不仅在国内得到广泛传承和发展，也在国际上受到越来越多的关注和喜爱。许多外国友人被中国传统文化的魅力吸引，积极学习和传播中国文化。

社会文化现象还包括消费文化。消费文化反映了一个社会的消费观念和生活方式。在当今社会，消费文化呈现出多元化和个性化的特点。人们不再仅仅满足于物质需求，更加注重产品的品质、品牌价值和文化内涵。同时，环保消费、绿色消费等新型消费理念也逐渐兴起，反映了人们对可持续发展的关注和责任感。

在讲话中，我们可以运用社会文化现象解读来丰富讲话内容。我们可以引用流行文化中的例子来吸引听众的注意力，也可以探讨传统文化的价值和意义，激发听众的民族自豪感和文化自信心。同时，我们还可以分析消费文化的特点和趋势，引导听众树立正确的消费观念。

▶社会问题的成因与对策

社会问题是社会发展过程中不可避免的现象，它涉及经济、政治、文化、环境等多个方面。理解社会问题的成因并提出相应的对策对于讲话具有重要意义，因为它可以展示我们的社会责任感和解决问题的能力。

贫困问题是一个全球性的社会问题。贫困的成因复杂多样，包括经济发展不平衡、教育机会不足、就业困难、自然灾害等。例如，在一些发展中国家，由于经济基础薄弱、产业结构单一，很多人面临着贫困的困境。此外，战争、冲突和自然灾害也会导致大量人口陷入贫困。为了解决贫困问题，各国政府和国际组织采取了一系列措施，如实施扶贫政策、提供教育和培训机会、促进就业、加强社会保障等。

环境污染也是一个严重的社会问题。随着工业化和城市化的快速发展，环境污染问题日益严重，如大气污染、水污染、土壤污染等。环境污染不仅影响人们的身体健康，也对生态系统造成了严重破坏。环境污染的成因主要包括工业排放、交通尾气、农业污染等。为了解决环境污染问题，需要采取综合措施，如加强环境监管、推广清洁能源、发展循环经济、提高公众环保意识等。

社会不平等也是一个重要的社会问题。社会不平等表现为收入差距、教育机会不平等、性别不平等、种族不平等等多个方面。社会不平等的成因包括历史因素、经济制度、社会政策等。为了解决社会不平等问题，需要采取一系列措施，如推进收入分配制度改革、加强教育公平、促进性别平等、反对种族歧视等。

在讲话中，我们可以针对社会问题提出自己的见解和建议。我们可以分析社会问题的成因，探讨解决问题的方法和途径，呼吁人们共同关注和参与社会问题的解决。同时，我们也可以分享一些成功的案例和经验，为解决社会问题提供借鉴和启示。

▶社会学理论在实践中的运用

社会学理论为我们理解社会现象和解决社会问题提供了重要的理论框架和方法指导。在实践中，我们可以运用社会学理论来分析和解决各种实际问题，提高我们的社会认知和实践能力。

功能主义理论强调社会的各个部分相互依存、相互协调，共同维持社会的稳定和发展。在实践中，我们可以运用功能主义理论来分析社会机构和组织的功能和作用。通过了解不同社会机构的功能，我们可以更好地发挥它们的作用，促进社会的发展。美国教育家杜威就是功能主义理论的实践者之一，他主张教育应该与社会生活相结合，培养学生的实践能力和社会责任感。

冲突理论认为社会是一个充满矛盾和冲突的系统，社会的发展是通过不同利益群体之间的冲突和斗争实现的。在实践中，我们可以运用冲突理论来分析社会矛盾和冲突的根源，寻找解决问题的方法。例如，在医疗改革进程中，患者群体期望降低医疗成本、提升服务质量，医疗从业者与医药企业则面临盈利与资源分配压力。各方通过政策研讨、公众听证等方式进行博弈，逐步推动医疗体系向更公平高效方向变革。

符号互动理论强调人们通过符号和意义的交流来构建社会现实。在实践中，我们可以运用符号互动理论来分析人们的行为和互动方式。例如，广告通过符号和形象的运用来影响消费者的购买行为，社交媒体通过符号和信息的传播来塑造人们的价值观和社会观念。美国广告大师大卫·奥格威就是符号互动理论的实践者之一，他通过创造有影响力的广告口号和形象，成功地推广了许多品牌。

在讲话中，我们可以运用社会学理论来增强讲话的逻辑性和深度。我们可以引用社会学理论来分析社会现象和问题，提出自己的观点和建议。同时，我们也可以通过讲述社会学理论在实践中的应用案例，使讲话更具说服力和感染力。

10

学习心理学知识

心理学知识可以为发言讲话增添人性的温度。人际交往心理学，助力良好沟通；情绪管理心理学，帮助保持冷静与沉稳；职场心理学，提升职场沟通效能，以心理学的智慧洞察人心，让讲话更具影响力。

▶人际交往心理学

人际交往心理学在讲话中扮演着关键角色，它能帮助我们与听众建立深厚的连接，有效地传达信息并增强说服力。

其一，倾听与理解。倾听是打开人际交往大门的钥匙。在讲话中，我们要学会用心倾听听众的反馈和提问。通过倾听，我们可以了解他们的兴趣点、疑惑和期望，从而调整讲话内容，使其更具针对性和吸引力。同时，我们也要站在听众的角度去思考问题，用他们熟悉的语言和方式表达自己的观点，这样才能让听众更容易接受和理解。

其二，非言语沟通。非言语沟通是人际交往中无声却有力的语言。微笑可以瞬间拉近与听众的距离，传达友好和自信。适当的肢体动作可以增强表现力。声音语调也是非言语沟通的重要组成部分。稳定而富有感染力的声音语调可以让听众更容易沉浸在讲话中。在讲话中，我们要注意自己的非言语沟通。保持微笑，运用恰当的肢体动作，控制好声音语调，这些都能提升讲话的效果，让听众更好地理解我们的意图。

其三，建立信任。信任是人际交往的基石。在讲话中，我们要通过诚实、透明和可靠的方式传达信息。避免夸大其词或虚假宣传，用真实的案例和数据来支持自己的观点。同时，我们也要尊重听众的意见和观点，即使与自己不同，也不要轻易批评或指责。可以通过积极的反馈和鼓励，让听众感受到我们的尊重和关注，从而建立起信任关系。

其四，处理冲突。冲突在人际交往中不可避免，在讲话中也可能遇到听众的质疑和反对。

在面对冲突时，我们要保持冷静和理智，避免情绪化的反应。首先，倾听对方的观点，理解他们的立场和需求。其次，表达自己的理解和尊重，让对方感受到我们的诚意。最后，共同寻找解决问题的方法，寻求双方都能接受的解决方案。

例如，在一场关于环保问题的讨论中，可能会有人提出不同的观点。我们可以先倾听他们的理由，然后表达自己对他们关注环保的认可，接着提出自己的观点和建议，共同探讨如何更好地解决环保问题。这样的处理方式可以避免冲突升级，保持良好的人际关系。

▶情绪管理心理学

情绪管理心理学对于讲话发言至关重要，它能帮助我们保持冷静、自信和专注，提升讲话的效果。

其一，认识自己的情绪。在讲话前，认识自己的情绪状态是关键的第一步。认识自己的情绪有助于我们更好地控制情绪，避免其对讲话产生负面影响。当我们感到紧张或焦虑时，可以采用一些有效的方法来缓解情绪。深呼吸能帮助我们放松身体，减轻紧张感；放松肌肉可以让我们的身体更加舒适，减少压力。

同时，我们也要认识到情绪的传染性。我们的情绪会影响听众的情绪，因此保持积极、乐观的状态能够为讲话营造良好的氛围。

其二，控制情绪的表达。在讲话中，控制情绪的表达至关重要。过度情绪化的表现可能会让听众感到不舒服或不信任我们。例如，如果在讲话中过于激动或愤怒，可能会让人觉得我们不够理智和成熟。

我们可以通过调整声音语调、面部表情和肢体语言来控制情绪的表达。保持稳定的声音语调，避免过高或过低的音调，能够让我们看起来更加自信和专业。微笑或镇定的面部表情可以传达友好和亲和力，让听众更容易接受我们的观点。自然的肢体语言，如适度的手势和姿势，能够增强表现力，同时又不会显得过于夸张。

其三，应对压力和挫折。讲话中，我们可能会面临各种压力和挫折，如紧张、忘词、听众的质疑等。良好的情绪管理能力可以帮助我们应对这些挑战，保持冷静和自信。

当面临压力和挫折时，积极的自我对话是一种有效的方法。我们可以告诉自己“我可以做到”“我已经做好了充分的准备”等，增强自信心。同时，放松技巧如深呼吸、冥想也能帮助我们缓解压力，让身心得到放松。

其四，利用情绪的力量。情绪不仅可以影响讲话效果，还能成为讲话的力量源泉。当我们讲述一个感人的故事时，可以让自己沉浸在故事的情感中，用真诚的情感打动听众。例如，诺贝尔和平奖得主马拉拉·尤萨夫扎伊在演讲中，分享了自己为教育权利而奋斗的经历，她的勇敢和坚定感动了无数人。

我们也可以利用情绪的变化来引导听众的思考和行动。通过讲述一个令人震惊的事实引起听众的关注，然后用积极的情绪鼓励他们采取行动。

▶职场心理学

职场心理学在讲话发言中具有重要价值，它能帮助我们更好地与同事、上级和客户沟通，提升工作效率和职业发展。

其一，自我认知。自我认知是职场心理学的重要组成部分。了解自己的优点和不足，以及自己的价值观和职业目标，有助于我们更好地发挥优势，弥补不足，实现职业发展。

例如，我们可以讲述自己在工作中遇到的挑战和困难，以及如何通过努力和创新克服这些困难，实现职业成长。同时，我们也可以分享自己的价值观和职业目标，让听众更好地了解我们的内心世界和职业追求。

其二，沟通技巧。良好的沟通技巧是职场成功的关键之一。在讲话中，我们需要运用有效的沟通技巧，与听众建立良好的关系，传达信息，达成共识。

在倾听方面，我们要保持专注，理解对方的观点和需求。在反馈方面，我们要及时、具体地给予对方反馈。例如，当同事提出一个好的建议时，我们可以及时给予肯定和感谢，并提出自己的看法和建议，促进沟通的良性循环。

其三，团队合作。团队合作是职场中不可或缺的一部分。在讲话中，我们可以强调团队合作的重要性，分享团队合作的经验和故事，激发听众的团队合作意识。我们还可以讲述自己在团队中如何与同事协作，共同完成工作任务。例如，在项目中如何分工合作、如何沟通协调、如何解决冲突等。

同时，我们也可以介绍一些团队合作的技巧和方法，如明确目标、建立信任、尊重差异等。这些方法可以帮助团队成员更好地合作，提高工作效率和质量。

其四，领导力。领导力是职场中的重要品质之一。我们可以讲述自己在领导团队时如何制定战略、激励员工、解决问题等。例如，在面对困难时，如何鼓舞团队士气，如何引导团队成员发挥各自的优势，共同实现目标。同时，我们也可以介绍一些领导力的原则和方法，如以身作则、激励他人、培养人才等。这些原则和方法可以帮助我们成为更好的领导者，带领团队取得更大的成功。

[二]

厘清讲话思路

11

明确讲话目的

发言讲话如同航行大海，唯有明确目的，才能找准方向。提前了解场合需求，是构思讲话内容、实现表达效果的前提，也是迈出精彩演讲的第一步。

▶查看活动通知

在发言讲话中，明确讲话目的至关重要，而查看活动通知则是迈出的关键第一步。活动通知犹如一张地图，为我们指引方向，提供了解场合基本信息的重要线索。

活动通知通常包含活动的主题、时间、地点等基本要素。仔细研读这些信息，能让我们在讲话前就对场合有一个初步的认识。例如，若活动主题是关于科技创新，那么我们在准备讲话时，就可以围绕科技创新的重要性、当前的科技趋势以及对未来的展望等方面展开思考。如果活动地点在一所大学，面对的是学生群体，那么讲话的风格和内容可能需要更加生动活泼、富有启发性，以引起学生的共鸣。

那么，如何更好地查看活动通知呢？

一是精读细节无遗漏。认真阅读通知的每一个细节，包括文字说明、附件等。不要放过任何一个可能提供有用信息的地方。

二是标注整理抓重点。对通知中的关键信息进行标注和整理，以便在准备讲话时随时查阅。例如，如果活动通知中提到了一些特定的行业术语或专业概念，我们可以提前进行了解和学习，确保在讲话中能够准确运用。

三是关联思考拓思路。结合活动通知的内容，进行一些相关的思考和联想。例如，根据活动主题，思考可能会涉及的问题和观点。

▶与组织者沟通

与活动组织者进行沟通，是确保讲话成功的关键环节之一。组织者通常对活动有着深入的了解和明确的规划，他们能够为我们提供关于活动目的、期望效果及参与人员需求等方面的宝贵信息。

那么，在与组织者沟通时，我们可以采取哪些具体措施呢？

一要主动联系，表达合作诚意。提前与组织者取得联系，表达自己对活动的重视和参与的热情。可以通过电话、邮件或面谈等方式进行沟通。在沟通中，要明确表达自己的目的，即希望了解活动的相关信息，以便更好地准备讲话。

二要精准提问，挖掘关键信息。提出具体的问题——活动的主题是什么？有哪些主要议题？参与人员的背景和需求是什么？组织者期望通过这次活动达到什么样的效果？等等。通过这些问题，可以引导组织者提供更有针对性的信息。

三要认真记录，确保理解到位。认真倾听组织者的回答，做好记录。对于不清楚的地方，可以进一步提问，确保自己完全理解组织者的意图。

▶查阅相关资料

在讲话发言中，查阅相关资料是深入了解场合要求、丰富讲话内容的重要手段。通过广泛查阅资料，我们可以获取更多的信息和知识，为讲话提供有力的支持。

那么，在查阅相关资料时，我们可以采用哪些具体方法呢？

一是确定查阅资料的范围。根据活动的主题和目的，确定需要查阅的领域和方向。例如，如果活动主题是环境保护，那么可以查阅环保政策、生态科学、可持续发展案例等方面的资料。

二是选择可靠的资料来源。可以查阅权威的书籍、学术期刊、报纸杂志、政府工作报告等。同时，也可以利用互联网搜索相关的信息，但要注意筛选可靠的网站和信息来源。

三是参考前人的演讲和著作。通过学习他人的经验和观点，可以拓宽自己的思路，丰富自己的讲话内容。

12

确定核心观点

核心观点是发言讲话的灵魂，能让内容纲举目张。掌握科学方法提炼观点，能让讲话逻辑清晰、重点突出，有效传递核心思想，引发听众共鸣。

▶问题导向法

在讲话中，问题导向法是一种非常有效的确定核心观点的方法。从主题出发提出一系列相关问题，然后筛选出最关键、最核心的问题，可以为讲话提供明确的方向和重点。

为了更好地运用问题导向法确定核心观点，我们可以采用以下具体方法。

一是深入调研。在提出问题之前，对讲话的主题进行深入的调研，了解相关领域的现状、趋势和存在的问题。可以通过查阅文献、采访专家、进行问卷调查等方式获取信息。例如，在探讨“环保与可持续发展”这个主题时，可以查阅国内外关于环保政策、可持续发展技术等方面的文献，采访环保领域的专家，了解当前环保面临的主要问题和挑战。

二是多角度思考。从不同的角度提出问题，避免思维的局限性。

可以从历史、现实、未来的角度，也可以从个人、社会、国家的角度，还可以从经济、政治、文化的角度等。例如，在讨论“科技创新”这个主题时，可以从历史上的重大科技发明对社会的影响出发，思考当前科技创新的趋势和方向；也可以从个人的生活需求出发，思考科技创新如何改善人们的生活；还可以从国家的发展战略出发，思考科技创新在提升国家竞争力方面的作用。

三是与听众互动。在提出问题的过程中，可以与听众进行互动，了解他们的关注点和需求。可以通过提问、讨论、调查等方式与听众交流，从而提出更有针对性的问题和观点。例如，在一场关于“职场发展”的演讲中，可以在开场时向听众提问：“大家在职业生涯中最关心的问题是什么？”根据听众的回答，提出相关的问题，并在演讲中进行分析和解答。

▶案例分析法

案例分析是一种强大的工具，可以帮助我们在讲话中确定核心观点。通过研究国内外的成功案例和失败案例，我们能够从中汲取宝贵的经验教训，提炼出关键问题和解决方案。

为了更好地运用案例分析法确定核心观点，我们可以采取以下具体措施。

一是广泛收集案例。通过阅读书籍、报纸、杂志，观看纪录片、电影等方式，收集国内外的成功案例和失败案例。可以关注不同领域、不同行业的案例，拓宽自己的视野。

二是深入分析案例。对收集到的案例进行深入分析，了解其背景、过程、结果及影响因素。可以从多个角度进行分析，如经济、政治、文化、社会等方面。

三是总结经验教训。从案例分析中总结出成功的经验和失败的教训，提炼出关键问题和解决方案。可以将这些经验教训与自己的讲话主题相结合，提出有针对性的观点和建议。

▶对比分析法

对比分析法在发言讲话中是一种有力的工具，可以帮助我们更清晰地认识事物，提炼出核心问题。通过将不同的事物进行对比，找出它们之间的差异和共同点，我们能够深入理解问题的本质，从而确定核心观点。

例如，我们可以对比不同国家的教育体系。美国的教育注重培养学生的创新能力和实践能力，强调学生的自主学习和个性发展。而德国的教育则更加注重职业技能的培养，实行双元制教育模式，将学校教育与企业实践紧密结合。通过对比这两个国家的教育体系，我们可以思考以下问题：哪种教育模式适合我国的国情？我们应该如何借鉴国外的成功经验和失败教训，因地制宜地改进我国的教育体系？

为了更好地运用对比分析法确定核心观点，我们可以采取以下具体措施。

一是选择合适的对比对象。对比对象应该具有一定的代表性和可比性。可以选择不同国家、不同地区、不同行业、不同企业等进行对比。

二是明确对比的标准和维度。在进行对比时，我们需要明确对比的标准和维度，以便更准确地找出差异和共同点。可以从经济、政治、文化、社会等多个方面进行对比。

三是深入分析差异和共同点。对对比结果进行深入分析，找出差异和共同点的原因和影响。可以从历史、文化、制度、政策等方面进行分析。

四是提出问题和解决方案。根据对比分析的结果，提出相关的问题和解决方案。可以结合自己的讲话主题，提出有针对性的观点和建议。

13

拓展讲话思路

思路决定出路，在发言讲话中，灵活运用联想方法拓展思路，可打破思维局限，让内容更丰富立体，为听众带来耳目一新的表达。

▶相似联想

相似联想是指由某一事物或现象想到与它相似的其他事物或现象。在讲话中，运用相似联想可以拓展讲话思路，丰富讲话内容。

为了更好地运用相似联想拓展讲话思路，可以采用以下具体方法。

一是平时要多积累素材。广泛阅读历史、文学、传记等书籍，了解不同领域的人物和事件。观看纪录片、电影等影视作品，从中汲取灵感。同时，关注时事新闻，了解当下社会中的热点问题和人物故事。

二是讲话时要善抓关联点。在讲话时，要善于发现话题中的关键词或关键概念，然后迅速联想到与之相似的事物或现象。例如，如果话题是关于创新，可以联想到历史上的发明家如爱迪生、贝尔等，他们的创新精神和成就可以为我们的讲话提供丰富的素材。

三是表达上要用活修辞法。学会用生动的语言描述联想到的事物或现象，使听众能够更好地理解和感受。可以运用比喻、拟人、排比等修辞手法，增强语言的表现力。

▶对比联想

对比联想是指由某一事物或现象想到与之相反或相对的其他事物或现象。在讲话中，运用对比联想可以突出讲话的重点，增强讲话的说服力。

例如，提到成功，我们可以联想到失败。成功和失败是一对反义词，通过对比成功和失败的经历，可以让人们更加深刻地理解成功的来之不易。在讲话中，可以讲述一些成功人士的故事，同时也可以分享一些失败的案例，让听众从中吸取教训。

为了更好地运用对比联想拓展讲话思路，可以采取以下具体措施。

一是明确对比对象。在讲话前，确定好对比的对象，明确对比的目的和重点。可以通过列出对比表格、绘制对比图等方式，清晰地展示对比的内容。

二是突出差异点。在对比中，要突出事物之间的差异点，让听众更加清楚地看到对比的效果。可以通过举例、数据对比等方式，增强对比的说服力。

三是引导思考。在对比后，要引导听众进行思考，让他们从中得出自己的结论。可以通过提问、讨论等方式，激发听众的思维，提高他们的参与度。

四是结合实际。在对比中，要结合实际情况，让听众感受到对比的现实意义。可以通过讲述身边的故事、引用实际案例等方式，使对比更加贴近生活。

▶因果联想

因果联想是指由某一事物或现象想到与之有因果关系的其他事物或现象。在讲话中，运用因果联想可以使讲话更加有条理、有逻辑性。

例如，提到环境污染，我们可以联想到人类的活动。人类的工业生产、交通运输、生活排放等活动是造成环境污染的主要原因。在讲话中，可以通过分析人类活动与环境污染之间的因果关系，提出保护环境的措施。

为了更好地运用因果联想拓展讲话思路，可以采取以下具体措施。

一是分析因果关系。在讲话前，要对所讲的主题进行深入分析，找出其中的因果关系。可以通过查阅资料、请教专家等方式，提高自己对因果关系的认识。

二是遵循逻辑顺序。在讲话中，要按照因果关系的逻辑顺序进行阐述，使讲话更加有条理。可以先讲原因，再讲结果，或者先讲结果，再分析原因。

三是提供解决方案。在分析因果关系后，要针对问题提出相应的解决方案。可以通过提出建议、分享经验等方式，为听众提供有价值的参考。

14

选用合适素材

素材是发言讲话的血肉，优质素材能让观点更具说服力与感染力。精心筛选、巧妙运用素材，能为讲话注入生命力，引发听众共鸣。

▶选择权威数据和研究

在讲话中，精心选用权威数据和研究能够极大地增强讲话的可信度和说服力。权威数据如同坚实的基石，为我们的观点提供有力的支撑，让听众更容易接受和认同我们所传达的信息。

例如，在讨论全球气候变化问题时，我们可以引用联合国政府间气候变化专门委员会（IPCC）发布的研究报告。这些报告是由全球顶尖的科学家经过多年的研究和分析得出的，具有极高的权威性。通过引用其中的数据，如全球气温上升的幅度、海平面上升的速度、极端气候事件的增加频率等，可以让听众深刻认识到气候变化的严峻性和紧迫性。

那么，在讲话中，如何选择权威数据和研究呢?

一要确保数据来源的可靠性。选择那些来自知名机构、权威部门、专业学者的研究成果。这些机构和个人通常具有较高的声誉和专业水平，他们发布的数据和研究更值得信赖。

二要根据讲话的主题和目的选择合适的数据。不同的主题需要不同类型的数据支持，我们要根据讲话的具体内容，挑选最能说明问题的数据。例如，如果是关于经济发展的讲话，可以选择国内生产总值（GDP）、失业率、通货膨胀率等经济数据；如果是关于社会问题的讲话，可以选择人口普查数据、社会调查数据等。

三要对数据进行恰当的解读和运用。不能仅仅简单地罗列数据，而要结合讲话的内容，对数据进行深入分析和解读，让听众更好地理解数据所传达的信息。同时，要注意数据的时效性，尽量选择最新的数据，以确保讲话的内容具有现实意义。

▶使用具体案例和实例

在讲话中，具体案例和实例就像是生动的画面，能够让抽象的观点变得具体可感，使听众更容易理解和接受我们所传达的信息。

例如，在讲述科技创新的重要性时，可以列举苹果公司的例子。苹果公司以其创新的产品设计和卓越的用户体验，成为全球最有价值的公司之一。从最初的 Macintosh 电脑到后来的 iPod、iPhone 和 iPad，苹果公司不断推出具有革命性的产品，改变了人们的生活方式。通过这个案例，可以生动地说明科技创新对于企业发展和社会进步的巨大推动作用。

那么，在讲话中，如何使用具体案例和实例呢？

一是案例要具有典型性和代表性。选择那些能够充分说明问题、具有广泛影响力的案例，这样才能让听众更好地理解我们所传达的观点。例如，如果要讲述团队合作的重要性，可以选择一些成功的体育团队或企业团队的案例。

二是案例要生动具体。在讲述案例时，要尽可能地详细描述案例的背景、过程和结果，让听众能够身临其境，感受到案例的真实性和感染力。可以运用一些细节描写和生动的语言，让案例更加鲜活。

三是对案例进行分析和总结。不能仅仅讲述案例本身，而要结合讲话的主题，对案例进行深入分析和总结，提取出其中的关键信息和启示，让听众能够从中得到有益的思考和借鉴。

▶引用名人观点或专家意见

在讲话中，引用名人观点或专家意见可以为我们的讲话增添权威性和深度。名人的话语往往具有广泛的影响力和号召力，而专家的意见则代表着专业领域的权威见解。

例如，在谈论教育的重要性时，可以引用孔子的名言："有教无类。"这句话强调了教育应该面向所有人，不论贫富、贵贱、智愚，都应该有接受教育的机会。孔子作为中国古代伟大的教育家，他的观点历经千年依然具有深刻的启示意义。

那么，在讲话中，如何引用名人观点或专家意见呢？

一要选择与讲话主题相关的名人观点或专家意见。引用的内容应该能够直接支持我们的观点，增强讲话的说服力。例如，如果是关于领导力的讲话，可以引用一些著名领导人的名言。

二要准确地引用名人观点或专家意见。在引用时，要确保引用的内容准确无误，不能歪曲或篡改名人或专家的原意。同时，要注明引用的来源，以便听众可以进一步查阅和了解。

三要对引用的内容进行适当的解释和分析。不能仅仅简单地引用名人观点或专家意见，而要结合讲话的内容，对引用的内容进行深入的解释和分析，让听众更好地理解其含义和价值。

15

掌握论证技巧

论证是支撑观点的骨架，巧妙运用论证技巧，能让发言讲话逻辑严密、条理清晰，增强说服力，让听众更易接受和认同观点。

▶因果分析法

在讲话中，因果分析法是一种强大的论证技巧，它能够帮助我们深入剖析问题，揭示事物之间的内在联系。通过分析事件的原因和结果，我们可以使观点更加清晰、有说服力。

一是明确问题的核心。确定要分析的观点或事件，以便有针对性地寻找原因和结果。

二是多角度思考原因。从不同方面分析事件产生的原因，如个人因素、社会环境、历史背景等。

三是深入探讨结果。分析事件的结果对个人、社会或其他方面的影响。

四是用清晰的语言表达。在讲话中，要将因果关系阐述清楚，让听众能够理解。

▶假设分析法

假设分析法是一种通过假设某种情况来论证观点的方法。它可以让我们从不同的角度思考问题，增强讲话的说服力。

一是提出假设。根据观点提出一个假设的情况，与实际情况形成对比。

二是分析假设的结果。如果假设成立，会产生什么样的结果。

三是回归现实。强调实际情况与假设情况的不同，突出观点的重要性。

四是总结观点。通过假设分析，再次强调自己的观点。

▶意义分析法

意义分析法主要是分析事物的重要意义，从而论证观点的正确性。

一是明确事物的本质。确定要分析的事物是什么，有哪些特点。

二是分析其积极意义。例如，从不同角度阐述事物对个人、社会、国家等方面的积极影响。

三是强调重要性。通过具体事例和数据，突出事物的重要性。

四是总结升华。将意义分析与观点相结合，进行总结升华。

▶联系实际法

联系实际法是将观点与现实生活中的具体情况相结合，使讲话更具针对性和实用性。

可以采取以下具体方法：

一是观察现实生活。关注身边的人和事，了解社会热点问题。

二是找出与观点的联系。分析现实情况与观点之间的关系。

三是举例说明。用具体的事例来支持观点，增强说服力。

四是提出建议或呼吁。根据联系实际的分析，提出具体的建议或呼吁行动。

▶辩证分析法

辩证分析法要求我们从多个角度看待问题，既要看到事物的正面，也要看到事物的反面。

一是明确观点的两面性。分析事物的积极方面和消极方面。

二是客观评价。对两面性进行客观评价，不偏袒任何一方。

三是提出平衡之策。探讨如何在两面之间找到平衡，发挥积极作用，减少消极影响。

四是总结观点。强调辩证看待问题的重要性。

▶正反对比法

正反对比法通过对比事物的正反两面，突出观点的正确性。

一是确定对比的两个方面。明确要对比的正面和反面事物或观点。

二是分别阐述。对正反两方面进行详细阐述，说明各自的特点和表现。

三是对比分析。分析正反两方面的差异和优劣。

四是得出结论。通过对比，强调正面观点的正确性。

16

开场需要惊艳

良好的开端是成功的一半，发言讲话的开场至关重要。一个惊艳的开场，能瞬间抓住听众注意力，为整场讲话奠定精彩基调。

▶使用悬念或引人入胜的故事

在讲话中，以悬念或引人入胜的故事开场能够瞬间抓住听众的注意力。例如，讲述一下门捷列夫的故事：传说他在梦中与元素们“相遇”，醒来后竟神奇地编排出元素周期表。这充满奇幻色彩的梦境悬念十足，众人皆好奇，一场梦怎会成为开启化学元素规律大门的钥匙？

具体方法：平时多阅读名人传记和历史故事，积累丰富的素材。在选择故事时，要根据讲话的主题和听众的特点进行筛选，确保故事具有吸引力和相关性。讲述故事时，要注意语言的生动性和表现力，通过适当的停顿、强调和肢体语言，增强故事的感染力。最后，要巧妙地将故事与讲话的主题联系起来，引导听众进入正题。

▶提出具有挑战性的问题

提出具有挑战性的问题可以激发听众的思考和参与。例如，在关于科技创新的讲话中，可以问："如果没有了互联网，我们的生活会变成什么样？"这个问题让听众不得不思考互联网在我们生活中的重要性，以及如果失去它会带来哪些影响。

或者在关于教育的讲话中，可以问："未来的教育应该是怎样的？我们现在的教育方式是否能够培养出适应未来社会的人才？"这个问题引发听众对教育现状的反思和对未来教育的展望。

以科学家尼古拉·特斯拉为例，我们可以提出问题："在当时不被广泛理解和支持的情况下，尼古拉·特斯拉是如何坚持自己的科学理念并做出众多伟大发明的？这对我们面对困难时有何启示？"

具体方法：深入了解讲话的主题，从不同的角度提出具有挑战性的问题。问题要具有开放性和启发性，能够引起听众的兴趣和思考。在提出问题后，可以稍作停顿，让听众有时间思考问题的答案。然后，可以通过引导和分析，逐步引出讲话的主题和观点。

▶引用令人惊讶的统计数据

引用令人惊讶的统计数据可以增强讲话的说服力和震撼力。例如，"据统计，每年因交通事故而丧生的人数相当于一个小型城市的人口"。这个数据让人震惊，从而引起听众对交通安全的重视。

以发明家爱迪生为例，我们可以引用数据："爱迪生一生中有超过1000项发明，他平均每15天就有一项新发明问世。"这个数据展示了爱迪生的创造力和勤奋，也让我们对创新有了更深刻的认识。

具体方法：在准备讲话时，要花时间查找与主题相关的权威统计数据。确保数据来源可靠，并且能够直观地反映问题的严重性或重要性。在引用数据时，要进行适当的解释和分析，让听众更好地理解数据背后的含义。可以通过对比、举例等方式，让数据更加生动形象。

▶引用名人名言

引用名人名言可以为讲话增添文化底蕴和权威性。

以史学家司马迁为例，其名言“人固有一死，或重于泰山，或轻于鸿毛”，在进行有关生命价值探讨、人生抉择与使命担当的讲话时，可促使听众思索如何让生命更具意义，以何种作为与奉献使自身生命绽放出超越平凡的光辉。

或者以文学家鲁迅为例，我们可以引用他的名言：“其实地上本没有路，走的人多了，也便成了路。”在讨论探索未知与开拓进取的话题时，能激励听众勇于突破困境，积极开辟新的发展路径与方向。

具体方法：根据讲话的主题，选择合适的名人名言。可以在讲话开头直接引用名言，然后对其进行解读，引出讲话的主题。也可以在讲话过程中适时引用名言，增强观点的说服力。平时要多积累名人名言，分类整理，以便在需要时能够迅速找到合适的引用内容。

▶传递个人感受或经历

分享个人感受或经历可以让讲话更加真实和亲近。例如，讲述自己在一次旅行中的难忘经历，或者在工作中遇到的挑战和收获。

以探险家贝尔·格里尔斯为例，他可以分享自己在荒野求生中的惊险经历和感悟，让听众感受到冒险和挑战的魅力。

或者一位医生可以分享自己在救治病人过程中的感动和成就感，让听众对医疗行业有更深刻的认识。

具体方法：选择与讲话主题相关的个人感受或经历，要具有代表性和启发性。在讲述时，要注意语言的真诚和情感的表达，让听众能够感同身受。可以适当加入细节描述，增强故事的感染力。最后，要将个人经历与讲话的主题相结合，引导听众从中得到启示。

▶设置互动环节

设置互动环节可以增加听众的参与度和积极性。例如，在讲话开始时，可以问听众一个简单的问题，让他们举手回答。

或者进行一个小调查，了解听众的观点和看法。

在关于建筑美学的分享中，我们可以建筑师贝聿铭为例，提问："你认为贝聿铭的建筑作品中最独特的空间营造手法是什么？"开启互动，吸引听众积极发表见解。

具体方法：在讲话前准备好互动问题或调查内容，问题要简洁明了，容易回答。可以根据听众的特点和讲话的主题进行设计。在互动过程中，要认真倾听听众的回答，给予积极的反馈和回应。互动环节结束后，要对听众的回答进行总结和分析，引出讲话的主题内容。

17

主体需要逻辑

主体是发言讲话的核心，清晰的逻辑能让内容层次分明、条理清晰。合理运用不同结构，能让听众更好地理解和吸收讲话内容。

▶并列式结构

在讲话中，采用并列式结构可以使内容逻辑清晰，让听众更容易理解和接受。并列式结构是将讲话内容分为几个相互独立但又围绕同一主题的部分，每个部分都有自己的重点和观点，共同支撑整个讲话的主题。

例如，在关于城市建设的讲话中可这样表述：城市的发展需多方面协同推进。一方面加强基础设施建设，如道路、桥梁的完善；另一方面注重生态环境打造、公园与绿化的构建；再一方面强化文化传承，古迹保护与文化活动开展。各方面虽独立却都为城市美好未来而服务。

在运用并列式结构进行讲话时，还需要注意以下几点。

一要保持各个部分之间的平衡。每个部分的篇幅和重要性要相对均衡，避免出现某个部分过长或过短，影响整体的结构和效果。例如，在一场关于环保的讲话中，如果分为减少塑料使用、推广绿色出行、加强垃圾分类三个部分，那么就不能在减少塑料使用部分长篇大论，而对推广绿色出行和加强垃圾分类只是简单提及。每个部分都应该给予适当的篇幅，详细阐述其重要性和具体措施。

二要注意语言表达的一致性。在并列式结构中，各个部分的语言表达风格要尽量保持一致，使讲话整体更加协调。可以使用相同的句式、词汇或修辞手法，增强语言的节奏感和感染力。例如，在一场关于成功的讲话中，如果分为努力、坚持、创新三个部分，可以使用相同的句式来开头，如“努力是成功的基石”“坚持是成功的保障”“创新是成功的关键”。这样的表达方式不仅使语言更加整齐，也让听众更容易记住每个部分的重点。

三要注重内容的关联性。虽然各个部分相互独立，但在内容上要有一定的内在联系，能够围绕主题形成一个有机的整体。例如，在一场关于教育改革的讲话中，若分为课程设置优化、教学方法创新、教师素质提升三个部分，课程设置的优化可以为教学方法的创新提供基础，而教师素质的提升又能更好地推动课程设置优化和教学方法创新。这样，各个部分之间通过内在的关联性，使讲话更加深入和有说服力。

▶递进式结构

递进式结构是一种逐步深入、层层推进的讲话结构，能够引导听众逐步理解和接受讲话的主题，使讲话更具说服力和感染力。

在运用递进式结构进行讲话发言时，需要注意以下几点。

一要注意层次之间的逻辑关系。每个层次都要在前一个层次的基础上进一步深入，不能出现逻辑跳跃或混乱的情况。例如，在一场关于个人成长的讲话中，如果第一个层次是学习的重要性，第二个层次突然跳到了社交技巧，第三个层次又回到了学习方法，这样的讲话就会让人感到逻辑混乱。正确的做法应该是在第一个层次阐述学习的重要性之后，第二个层次可以进一步探讨如何有效地学习，第三个层次可以再深入到持续学习对个人成长的影响。这样，每个层次之间都有紧密的逻辑联系，讲话也会更加有条理。

二要逐步引导听众。讲话的内容要从易到难，从浅到深，逐步引导听众理解和接受主题。例如，在一场关于科技创新的讲话中，可以先从日常生活中的科技创新例子入手，如智能手机、智能家居等，让听众对科技创新有一个直观的感受。然后，再深入到科技创新对经济发展的影响，如提高生产效率、创造新的就业机会等。最后，探讨科技创新对社会进步的推动作用，如改善教育、医疗等公共服务，促进可持续发展等。通过这样逐步引导的方式，听众能够更好地理解科技创新的重要性和意义。

三要突出重点。在每个层次中，要明确表达自己的核心观点，并通过具体的事例和数据来加以支持，使听众能够深刻理解和记住。例如，在一场关于环境保护的讲话中，第一个层次可以强调环境保护的紧迫性，通过列举全球气候变化、环境污染等问题的数据和事例，让听众认识到环境保护的重要性。第二个层次可以提出具体的环境保护措施，如减少碳排放、推广可再生能源等，并通过成功的案例来说明这些措施的有效性。第三个层次可以呼吁大家共同行动起来，保护我们的地球家园，通过讲述个人和企业在环境保护中的责任和作用，激发听众的行动意识。

▶时序式结构

时序式结构是按照时间顺序来组织讲话内容的一种结构，能够使讲话具有清晰的脉络和连贯性。

例如，二战的历史进程。如果以二战为主题进行讲话，可以采用时序式结构。首先，介绍二战的起因，包括经济危机、政治矛盾和军事扩张等因素。其次，按照时间顺序讲述二战的爆发、战争的进程和主要战役。再次，讲述二战的转折和胜利，包括盟军的反攻、诺曼底登陆和德国、日本的投降等。最后，总结二战的影响和教训，强调和平的重要性。

在运用时序式结构进行讲话时，需要注意以下几点。

一要确保时间顺序的准确性。讲话的内容要按照真实的时间顺序来组织，不能出现时间错乱的情况。例如，在讲述历史事件时，要准确把握事件发生的时间先后顺序，避免将不同时期的事件混淆在一起。

二要突出重点事件和人物。在每个时间段中，要选择一些具有代表性的事件和人物来进行描述，使讲话更加生动、具体。例如，在讲述二战历史时，可以重点讲述斯大林格勒战役中的英雄人物和他们的事迹，让听众更加深刻地感受到战争的残酷和英雄们的伟大。在讲述美前总统亚伯拉罕·林肯的政治生涯时，可以突出他在关键时刻的决策和行动，如发布《解放黑奴宣言》等，让听众更好地理解林肯的贡献和影响。

三要结合实际情况进行适当的调整。虽然时序式结构有其固定的模式，但在实际运用中，需要根据讲话的主题、听众的特点和场合的要求等进行适当的调整。例如，如果讲话的时间有限，可以选择一些关键的时间段进行重点讲述，而不是按照完整的时间顺序进行叙述。如果听众对某个时间段的内容比较熟悉，可以适当减少对这个时间段的描述，而增加对其他时间段的介绍。

18

结尾需要深度

结尾是发言讲话的收官之笔，富有深度的结尾能升华主题、强化记忆。多样的结尾方式，可让讲话余韵悠长，给听众留下深刻印象。

▶首尾呼应法

在讲话的开头，我们提出了一个目标或者观点，在结尾处再次提及，以达到首尾呼应的效果。

例如，在关于勇敢尝试的演讲中，开头我们提到了勇敢尝试是开启成功大门的钥匙。结尾可以这样说："朋友们，让我们再次回到勇敢尝试这个主题。就像探险家罗阿尔·阿蒙森，他勇敢地踏上南极探险之旅，克服重重困难，成为第一个到达南极点的人。我们在生活中也会面临各种未知，但只要我们像阿蒙森一样勇敢尝试，就一定能开拓出属于自己的精彩人生。"

又如，在关于创新的演讲中，开头我们提到了创新是推动社会进步的强大动力。结尾可以这样说："'不曰新者必曰退'，创新始终是流淌在中华民族血脉中的精神基因。从蔡伦改进造纸术推动文明传播，到毕昇发明活字印刷术革新文化载体，创新让人类文明不断迈向新高度。让我们以创新为桨，在时代浪潮中奋勇前行，书写社会进步的崭新篇章。”

具体方法：在准备讲话时，可以先确定一个核心观点或主题，然后在结尾处用不同的语言再次阐述这个观点，加深听众的印象。同时，可以通过回忆开头的故事、例子或者问题，引导听众回顾整个讲话的内容。

▶憧憬未来法

以对未来的美好憧憬作为结尾，能够激发听众的积极性和创造力。

例如，在关于可持续发展的演讲中，结尾可以这样描述未来场景：“在不久的将来，我们的城市将被绿色环绕，太阳能和风能为我们提供清洁的能源，垃圾分类和资源回收成为每个人的习惯。我们的孩子可以在清澈的河流中嬉戏，在蓝天白云下尽情奔跑。让我们从现在开始，积极践行可持续发展理念，为了这个美好的未来共同努力。”

又如，在关于文化传承的演讲中，结尾可以说：“未来，我们的传统文化将在创新中焕发出新的活力。古老的技艺将与现代科技相结合，传统艺术将走进更多人的生活。我们的文化瑰宝将在世界舞台上绽放更加绚烂的光彩。让我们携手传承和弘扬优秀传统文化，为创造一个充满文化魅力的未来而奋斗。”

具体方法：在结尾部分，可以描述一个具体的未来场景，让听众能够直观地感受到未来的美好。同时，可以提出一些具体的行动建议，鼓励听众为实现这个未来而努力。

▶问句作结法

用一个引人深思的问题作为结尾，能够激发听众的思考和讨论。

例如，在关于环保的演讲中，结尾可以这样说："我们都知道环境对我们的重要性，那么我们是否真正做到了爱护环境呢？看看蕾切尔·卡逊，她的《寂静的春天》唤醒了人们对环境保护的重视。我们是不是也应该行动起来，从身边的小事做起，减少浪费，多使用环保袋，积极参与环保活动呢？环保的未来取决于我们每一个人，你准备好做出改变了吗？"

又如，在关于"阅读改变人生"的演讲中，结尾可以这样说："我们都知道阅读是获取知识的重要途径，那么我们是否真正投入足够的时间去阅读呢？看看德国作家赫尔曼·黑塞，他一生热爱阅读，通过书籍探索人性和世界。我们是不是也应该像他一样，把阅读当成一种生活方式，从书籍中汲取智慧和力量呢？阅读的力量能否改变我们的人生，取决于我们自己的选择，你准备好开启阅读之旅了吗？"

具体方法：在结尾处提出一个与讲话主题相关的问题，可以是开放性的问题，也可以是引导性的问题。让听众在思考问题的过程中，进一步加深对讲话内容的理解。

▶解决问题法

在结尾处提出具体的解决问题的方法，能够让听众感到讲话具有实际价值。

例如，在关于教育公平的讨论中，结尾可以这样说："教育公平是社会进步的重要标志。加大对贫困地区教育的投入，提高教师待遇，吸引优秀人才到贫困地区任教。同时，利用互联网技术，让优质教育资源惠及更多孩子。让我们共同努力，为实现教育公平而奋斗。”

又如，在关于城市交通拥堵治理的演讲中，结尾可以这样说：“城市交通拥堵是一个亟待解决的问题。我们应该加大对公共交通的投入，提高服务质量，鼓励人们绿色出行。同时，优化城市道路规划，加强交通管理。让我们共同努力，缓解城市交通拥堵，为我们的生活创造更加便捷的出行环境。”

具体方法：在分析问题的基础上，提出具体的解决问题的方法和建议。可以从个人、组织、社会等不同层面提出具体的行动方案，让听众能够明确自己可以采取的行动。

▶画龙点睛法

用简洁而有力的语言总结讲话的核心内容，起到画龙点睛的作用。

例如，在关于勇气的演讲中，结尾可以这样说：“勇气，是我们征服险阻的羽翼。就像玄奘，在交通不便、环境恶劣且充满未知危险的古代，毅然决然踏上西行取经之路，历经磨难，最终带回佛法经典并促进了文化交流。我们也需要这般勇气去探索未知，去实现理想。果敢地踏上逐梦之途，你会领略到生命的无限精彩。”

又如，在关于诚信的演讲中，结尾可以这样说：“诚信，是人生的基石。就像曾子杀猪，只为兑现对孩子的承诺。我们也需要用诚信去对待他人，去经营自己的人生。坚守诚信，你将收获尊重和信任。”

具体方法：在结尾处，简练概括讲话的核心内容，突出重点。这句话要简洁明了，富有感染力，能够让听众在短时间内记住讲话的主要内容。

▶倡议呼告法

通过发出倡议或呼吁，激发听众的行动热情。

例如，在关于公益的演讲中，结尾可以这样说："朋友们，让我们行动起来吧！像特蕾莎修女一样，用我们的爱心去温暖世界。加入公益组织，为贫困地区的孩子捐赠书籍和衣物，关爱孤寡老人。让我们的行动成为爱的传递，让世界因为我们而更加美好！"

又如，在关于保护野生动物的演讲中，结尾可以这样说："朋友们，让我们行动起来吧！拒绝购买野生动物制品，支持野生动物保护组织，参与野生动物保护活动。让我们成为野生动物的守护者，让地球这个美丽的家园充满生机与活力！"

具体方法：在结尾处，用强烈的语气发出倡议或呼吁，让听众感受到自己的责任和使命。同时，可以提出具体的行动要求，让听众知道自己应该怎么做。

▶巧妙引用法

引用名人名言、诗句等可以增加讲话的文化内涵和说服力。

例如，在关于坚持的演讲中，结尾可以这样说："'不积跬步，无以至千里；不积小流，无以成江海。'坚持是成功的基石。在生活中，我们也会遇到各种困难，但只要我们坚持不懈，就一定能够实现自己的目标。让我们以坚持为帆，驶向成功的彼岸。”

又如，在关于乐观面对生活的演讲中，结尾可以这样说：“‘黑夜无论怎样悠长，白昼总会到来。’莎士比亚的这句话告诉我们，无论生活中遇到多少困难，我们都要保持乐观的心态。就像高位截瘫的张海迪，她从小就被病魔无情地纠缠，胸部以下完全失去知觉。但她依然以乐观的态度面对生活，写出了感人至深的作品。在生活中，我们也会遇到各种挫折，但只要我们像张海迪一样，保持乐观，积极面对，就一定能战胜困难，迎接美好的未来。”

具体方法：在引用名人名言时，要确保引用的准确性和恰当性。可以结合讲话的主题，对引用的内容进行适当的解释和分析，以增强说服力。

19

做好过渡衔接

过渡衔接是发言讲话的黏合剂，自然流畅的过渡能让内容连贯、浑然一体。从多维度做好衔接，可提升讲话的流畅性与整体性。

▶内容逻辑过渡

其一，承上启下。在上一部分内容结束时，简要总结要点，如："刚才我们探讨了关于创新的重要性，创新确实为我们带来了诸多机遇，那么接下来，我们来看看如何在实际工作中推动创新。"

用提问的方式过渡，如："了解了创新的价值，大家可能会问，我们具体应该从哪些方面着手进行创新呢？"

其二，递进关系。明确表达内容的递进层次，如："我们不仅要认识到创新的重要性，更要深入思考如何将创新理念融入到我们的日常工作中，进一步提升工作效率和质量。"使用"而且""再者""更重要的是"等关联词进行过渡。

其三，转折关系。当话题出现转折时，清晰地指出转折的原因，如："虽然我们已经在创新方面取得了一些成绩，但我们不能满足于此。目前，市场环境变化迅速，我们还面临着诸多挑战。"

用"然而""不过"等词引出转折内容，如："创新带来了很多好处，然而，我们也要注意创新过程中可能出现的风险。”

其四，“总分总”结构过渡。在阐述一个大主题时，可以先总述主题的重要性，然后分别论述不同方面，最后再总结并过渡到下一个相关主题。

例如，谈论企业发展时，先总述企业发展对经济社会的意义，然后分别从创新、管理、市场等方面论述，最后总结企业发展需要不断适应变化，进而过渡到谈适应变化的策略。

其五，问题引导过渡。提出一个问题，引发听众思考，然后自然过渡到对该问题的解答或相关内容的阐述。

例如，从环保意识谈到实际行动时，可以问“我们都知道环保很重要，那么具体应该怎么做呢？”接着过渡到介绍环保行动的方法。

▶语言表达过渡

其一，引用名言警句。在过渡处引用合适的名言警句，既能增加讲话的文化内涵，又能自然地引出下一部分内容，如：“正如古人云：‘不积跬步，无以至千里。’在创新的道路上，我们也要一步一个脚印。下面，我们来谈谈具体的行动步骤。”

可以引用不同领域的名言，增强讲话的丰富性。

其二，讲述故事或案例。用一个简短的故事或案例来过渡，使讲话更加生动有趣，如“给大家讲一个关于创新的小故事……（某公司通过不断创新，成功推出了一款新产品，迅速占领了市场）这个故事告诉我们，创新的力量是无穷的。那么，我们应该如何挖掘自身的创新潜力呢？”

故事或案例要与讲话主题紧密相关，起到引导下文的作用。

其三，使用修辞手法。

比喻：“如果把创新比作一艘航船，那么我们现在就需要扬起风帆，朝着目标前进。接下来，我们来探讨如何为创新之船提供动力。”

排比：“创新是勇气，让我们敢于突破传统；创新是智慧，让我们找到新的解决方案；创新是动力，推动我们不断前进。现在，让我们共同努力，把创新进行到底。”

其四，对比分析过渡。通过对比不同事物、观点或情况，引出新的话题。

例如，从传统教育模式过渡到现代教育模式，可以对比两者的优缺点，从而引出对现代教育模式优势的阐述。

其五，使用过渡词和短语。“首先”“其次”“然后”“接着”“最后”等表示顺序。例如，“在解决问题的过程中，我们首先要明确问题的本质，其次要分析问题的原因，再次要提出解决方案，最后要进行效果评估”。

“例如”“比如”“诸如”等用于举例说明。例如，“在环保方面，我们可以采取很多措施。例如，减少能源消耗、推广可再生能源、加强垃圾分类等”。

“同样地”“与此同时”“另一方面”等体现对比或并列关系。例如，“同样地，在创新方面，我们也需要团队合作。团队成员之间可以相互启发、相互支持，共同推动创新。与此同时，我们也要鼓励个人创新，发挥每个人的创造力”。

“因此”“所以”“由此可见”等引出结论。例如，“因此，我们可以得出结论，创新是企业发展的关键。只有不断创新，企业才能在激烈的市场竞争中立于不败之地”。

▶情感氛围过渡

其一，情感共鸣过渡。通过表达与听众共同的感受、经历或期望，引发情感共鸣，自然过渡到新内容。

例如，在谈论团队协作时说："相信大家和我一样，都渴望看到团队不断突破、创造佳绩。那么，如何才能打造一支战无不胜的高效团队呢？"

其二，场景营造过渡。描绘特定场景，让听众沉浸其中，再顺势引出相关话题。

例如，在讲解产品创新战略时说："想象一下，在激烈的市场竞争中，我们的产品如同暗夜中的灯塔，脱颖而出。而要实现这一目标，我们需要在产品创新上持续发力。"

其三，情感递进过渡。随着讲话推进，逐步加深情感表达，实现内容转换。

例如，在年度总结动员讲话时说："我们对企业发展满怀期待，这份期待，更需要转化为实际行动。接下来，就和大家聊聊具体该如何行动。"

20

提炼亮眼标题

亮眼的各级标题是发言讲话的“名片”，能吸引听众关注、激发兴趣。精心提炼标题，可让讲话在开场前就抓住听众眼球，提升表达效果。

▶ 从内容主题角度

其一，突出核心观点。直接用文章主要观点作为小标题，简洁明了地传达关键信息。

例如，一篇关于科技创新重要性的文章，小标题可以是“科技创新：驱动经济发展的核心引擎”。

其二，紧扣关键词。提取文章中的重要关键词，围绕关键词构建小标题。

例如，文章主题是环保行动，关键词有“绿色”“可持续”“行动”，小标题可以是“绿色之路：迈向可持续未来”“行动之桨：划动环保巨轮”。

其三，涵盖主要内容。小标题应尽可能涵盖文章各部分的主要内容，起到概括和提示的作用。

例如，一篇介绍历史文化的文章，可以有小标题“古老文明的起源”“辉煌时期的成就”“现代传承与发展”。

确保小标题之间逻辑连贯，共同构成文章的整体框架。

▶从语言表达角度

其一，运用修辞手法。运用比喻、拟人、对偶等修辞，让标题生动又吸睛。

比喻：用形象的比喻来打造小标题，增加吸引力。

例如，“知识的灯塔：照亮人生之路”。

拟人：赋予事物人格化特征，使小标题更生动。

例如，“大自然的呼唤：保护生态环境”。

对偶：使用对偶的句式，让小标题更工整、有节奏感。

例如，“传承文化，铸就辉煌；创新发展，引领未来”。

其二，引用名言警句或诗词。灵活运用与主题相关的名言或诗词作为小标题，提升文化内涵。

例如，谈奋斗精神时，标题可以是“千磨万击还坚劲，奋斗人生展风华”。

其三，使用富有表现力的词汇。选择一些生动、形象、有感染力的词汇来组成标题。

例如，“激情燃烧的岁月：回忆革命历史”中的“激情燃烧”就很有表现力。

还可运用动词，增强标题的动态感。

例如，“探索未知，开拓新境”中的“探索”和“开拓”。

其四，追求简洁明了。小标题要简明扼要，避免过长和复杂的表述。一般来说，小标题不宜超过 10 个字。

例如，“美食之旅”“运动之乐”。

▶从结构形式角度

其一，数字归纳法。用数字来归纳文章内容，使小标题更有条理。

例如，“三大法宝：成功创业的秘诀”“五个步骤：提升学习效率”。

其二，递进式结构。小标题按照逻辑递进关系排列，引导读者深入理解文章。

例如，“认识自我：开启成长之旅第一步”“挑战自我：迈向更高峰的关键”“超越自我：成就非凡人生的密码”。

其三，并列式结构。各个小标题之间是并列关系，从不同角度阐述主题。

例如，“文化之美：传统艺术的魅力”“自然之美：山水风光的神韵”“人性之美：善良品质的光辉”。

▶从读者需求角度

其一，满足读者兴趣点。了解读者的兴趣爱好和需求，设置与之相关的小标题。

例如，对于喜欢旅游的读者，可以设置小标题为“魅力之都：巴黎之旅”“奇幻海岛：马尔代夫之游”。

其二，提供实用价值。小标题可以体现文章的实用价值，为读者提供解决问题的方法或建议。

例如，一篇关于健康生活的文章，可以设置小标题为“健康饮食的秘诀”“有效运动的技巧”。

其三，引发情感共鸣。用能够触动读者情感的小标题，引起他们的共鸣。

例如，“亲情的温暖”“友情的珍贵”“爱情的力量”。

[三]

巧用讲话公式

21

工作汇报

工作汇报是对一段时间内工作进展和成果的总结与梳理，也是对未来工作方向的规划与展望。通过清晰地阐述成绩、问题和打算，能够让上级领导、同事以及相关各方全面了解工作的实际情况，为进一步的决策和行动提供有力依据。

常见讲话公式：成绩＋问题＋计划

▶成绩

其一，明确重点成果。梳理出最突出、最具影响力的工作成绩。

例如，在关于市域经济发展的工作汇报中指出："今年以来，我市紧紧围绕产业升级这一核心目标，大力推进工业强县战略，成功引进了一批重大产业项目，其中，新能源汽车制造项目的落地，为我市经济发展注入了强大动力。该项目预计投产后年产值可达……将有力推动我市产业结构的优化升级。"

其二，用数据说话。尽可能多地使用具体的数据来支撑成绩的阐述。数据能够直观地展示工作的成效，增强说服力。

例如，在关于市域经济发展的工作汇报中指出："截至目前，我市地区生产总值达到……同比增长……财政收入……同比增长……规模以上工业增加值……同比增长……固定资产投资……同比增长……这些数据充分显示了我市经济的良好发展态势。”

其三，突出亮点。除了常规的工作成果，要着重强调在工作中的创新举措和独特亮点。

例如，在关于市域经济发展的工作汇报中指出：“在市域经济发展中，我们积极探索创新发展模式。建立了‘政府 + 企业 + 高校’的产学研合作平台，为企业提供技术支持和人才保障。同时，我们还大力推进‘互联网 +’行动计划，打造了一批电商示范企业，推动了传统产业的转型升级。”

▶问题

其一，全面分析问题。问题分析要全面、深入，不能只看到表面问题，要深入挖掘问题的根源和本质。可以从政策、制度、管理、技术等多个方面进行分析，找出问题的关键所在。

例如，在关于乡村振兴的工作汇报中指出：“当前在农村产业发展方面，虽然有一些特色农产品种植项目，但存在销路不畅的问题。从根源上分析，一方面是缺乏完善的冷链物流体系，导致农产品保鲜运输受限；另一方面是没有成熟的品牌推广策略，产品知名度低，难以打开更广阔的市场，这两方面就是制约产业进一步发展的关键所在。”

其二，客观阐述问题。问题阐述要客观、真实，不能夸大或缩小问题的严重性。要以实事求是的态度对待问题，避免情绪化的表达和片面的观点。同时，要分析问题产生的影响，让听众更好地了解问题的紧迫性和重要性。

例如，在关于乡村振兴的工作汇报中指出："农村基础设施建设存在短板，部分村庄道路状况差，一到雨季出行困难，这不仅影响村民的日常生活，也阻碍了农产品的运输和销售，使得一些优质农产品难以及时运出，造成经济损失，长此以往还会影响乡村吸引投资和人才，延缓乡村振兴的整体进程，所以改善基础设施刻不容缓。"

其三，分类梳理问题。问题分类梳理可以让汇报更加清晰、有条理，便于后续的解决方案制定。可以按照问题的性质、影响范围、紧急程度等进行分类，将相似的问题归为一类，分别进行阐述和分析。

例如，在关于乡村振兴的工作汇报中指出："一是产业发展遇瓶颈，农产品销售渠道窄，像特色农产品缺乏电商对接，影响增收。二是人才短缺，留不住年轻人，教育、医疗资源不足难吸引人。三是环境整治有短板，部分区域垃圾清理不及时，公共卫生维护意识也较薄弱，亟待改善提升。"

▶计划

其一，明确工作目标。工作目标要具体、可衡量，并具有一定的挑战性。可以将目标分解为短期、中期和长期目标，逐步实现。在制定目标时，要结合工作的实际情况和问题的严重性，确保目标的可行性和有效性。

例如，在关于数字经济发展的工作汇报中指出："短期目标是在接下来的一个季度内，完成数字经济相关培训课程的开发并组织至少n场针对企业员工的培训，提升员工数字技能；中期目标是在半年内，推动n家本地企业开展数字化转型试点项目，实现业务流程数字化率达到……长期目标则是在一年内，使本地数字经济产业规模增长……新增数字经济相关企业n家，通过这样逐步推进的目标设定，助力数字经济稳步发展。”

其二，提出有效措施。针对提出的问题，制定具体、可行的改进措施。措施要具有可操作性，可以明确实施的步骤、责任人、时间节点等。这有助于确保措施能够得到有效执行。

例如，在关于数字经济发展的工作汇报中指出：“针对企业数字化转型中存在的资金不足问题，措施一是与金融机构合作，设立专项数字化转型贷款基金，由专人负责对接银行，在本月内完成合作协议签订（责任人：业务拓展经理××）；措施二是政府出台相关补贴政策，由经信部门牵头，在两个月内完成政策制定并发布（责任人：经信部门负责人××）。”

其三，加强组织保障。组织保障是实现工作目标的重要保障，要提出需要的支持和资源，如人力、物力、财力等。同时，要积极寻求与其他部门或团队的合作，共同完成工作目标。

例如，在关于数字经济发展的工作汇报中指出：“为实现既定目标，需要调配n名专业技术人员加入数字经济项目组（人力支持），申请专项经费n万元用于购置相关数字化设备和软件（财力支持），同时协调通信运营商保障网络基础设施升级（物力支持）。并且积极与高校、科研院所合作，共同开展数字技术研发，与相关行业协会联合举办交流活动，汇聚各方力量推动数字经济发展。”

22

动员部署

动员部署是为了推动重要工作任务的顺利开展，凝聚各方力量，明确目标方向，提供保障措施。通过深入分析工作的意义、细化任务和强化保障，能够激发全体人员的积极性和主动性，确保工作高效有序推进。

常见讲话公式：意义 + 任务 + 保障

▶意义

其一，从上级要求的角度。强调上级部门对该项工作的重视和明确指示。可以引用上级文件中的关键语句，说明本项工作是对上级决策部署的积极响应，是贯彻落实上级要求的具体行动。

例如，在关于创建文明城市的动员部署讲话中指出："上级领导高度重视'创建文明城市'工作，多次在重要会议中强调其重要性。我们必须深刻领会上级精神，将'创建文明城市'作为当前的重要任务，不折不扣地执行上级的各项要求，以实际行动践行对上级的忠诚和担当。"

其二，从工作职责的角度。明确工作职责和使命，强调工作是履行职责的必然要求。说明工作的重要性和紧迫性，以及单位或个人的责任担当。

例如，在关于文化遗产保护的动员部署讲话中指出："作为文化部门，我们肩负着守护和传承中华民族优秀文化遗产的具体职责，开展文化遗产保护工作是我们义不容辞的责任。这些珍贵的文化遗产承载着历史记忆、民族精神，一旦消逝，将是不可挽回的损失。我们必须以高度的责任感和使命感，认真履行工作职责，确保工作顺利完成，为实现文化传承与弘扬的发展目标贡献力量。"

其三，从民众期盼的角度。突出工作对民众生活的积极影响，体现以人民为中心的发展思想。描述民众对该项工作的期望和需求，以及工作完成后将给民众带来的福祉。

例如，在关于老旧小区改造的动员部署讲话中指出："广大民众对老旧小区改造寄予了殷切期盼。他们渴望更加安全的生活环境，比如老化的电线改造能消除用电隐患；期待更优质的公共服务，比如增设健身器材方便日常锻炼；憧憬更美好的未来，让小区面貌焕然一新提升生活的幸福感。我们的工作直接关系到民众的切身利益，是回应民众呼声、满足民众需求的关键举措。只有全力以赴做好这项工作，才能赢得民众的信任和支持。"

其四，从发展机遇的角度。分析工作带来的发展机遇，强调其对地区或单位长远发展的重要性。可以阐述工作如何促进经济增长、提升竞争力、推动创新等。

例如，在关于城市新区建设的动员部署讲话中指出："城市新区建设为我们带来了难得的发展机遇。它不仅能够推动城市产业结构向高端化、多元化升级，吸引更多的高新技术企业投资和各类专业人才汇聚，还能完善城市功能布局，为地区的可持续发展注入强大动力。我们要紧紧抓住这个机遇，以积极主动的姿态投入到工作中，为实现城市的跨越式发展奠定坚实基础。”

▶任务

其一，明确工作目标。清晰地阐述工作的总体目标和具体指标，让听众对工作的方向和要求有明确的认识。目标要具有可衡量性和挑战性，能够激发大家的斗志。

例如，在关于企业新产品研发的动员部署讲话中指出：“我们的工作目标是在接下来的 12 个月内，实现新产品的样品制作完成，并通过内部测试，各项性能指标达到同行业领先水平，产品成功推向市场且获得一定的市场份额。”

其二，分解工作任务。将工作任务进行细化和分解，明确各部门、各岗位的具体职责和任务分工。确保每个人都清楚自己的工作任务和责任。

例如，在关于举办大型文化活动的动员部署讲话中指出：“为了实现工作目标，我们将任务分解如下：活动策划部门负责制定活动整体方案，确定主题、流程等内容，宣传部门负责通过多种渠道进行活动宣传推广，后勤保障部门负责场地布置、物资供应及现场秩序维护……各部门要密切配合，形成工作合力。”

其三，制定工作步骤。规划工作的实施步骤和时间安排，确保工作有序推进。可以采用流程图或时间表的形式进行展示，让听众一目了然。

例如，在关于城市环境综合整治的动员部署讲话中指出："我们将按照以下步骤开展工作：第一步，开展为期一个月的全面排查工作，时间为本月1日至30日，摸清城市环境存在的各类问题；第二步，用两个月时间进行集中整治，时间为下个月1日至下下个月30日，各部门按照职责分工对排查出的问题逐一整改；第三步，进行为期半个月的巩固提升阶段，时间为再下一个月1日至15日，对整治成果进行检查并进一步完善。每个步骤都要明确责任人、完成时间和质量要求。"

▶保障

其一，组织保障。建立健全工作领导机构和工作机制，明确各部门的职责和分工。确保工作有专人负责，有组织保障。

例如，在关于抗洪抢险应急行动的动员部署讲话中指出："为了确保工作顺利进行，我们成立了抗洪抢险应急指挥部，由市长担任组长，各相关职能部门如水利局、应急管理局、交通局等部门负责人为成员。指挥部要定期召开会议，研究解决工作中遇到的诸如物资调配、人员转移安置、堤坝加固等问题，加强对工作的领导和协调。"

其二，人员保障。合理调配人力资源，确保有足够的人员参与工作。可以通过培训、招聘等方式提高人员素质和业务能力。

例如，在关于旅游景区旺季服务提升的动员部署讲话中指出："我们将根据工作需要，合理调配人员，从周边景区调配有经验的导游、服务人员等充实到本景区，确保每个岗位都有合适的人选。同时，我们将加强对工作人员的培训，开展服务礼仪、应急处理等方面的培训课程，提高他们的业务水平和工作能力，为工作的顺利开展提供有力的人员保障。”

其三，资金保障。确保工作有足够的资金支持，合理安排资金使用，提高资金使用效益。可以争取上级部门的资金支持，也可以通过多种渠道筹集资金。

例如，在关于修建城市公共交通设施的动员部署讲话中指出：“我们将积极争取上级部门的资金支持，同时合理安排自有资金，确保此项工作有足够的资金保障。在资金使用过程中，我们要严格按照财务制度进行管理，提高资金使用效益，确保每一分钱都用在刀刃上。”

其四，宣传保障。加强对工作的宣传报道，营造良好的工作氛围。可以通过多种渠道宣传工作的重要意义、进展情况和取得的成效。

例如，在关于垃圾分类推广的动员部署讲话中指出：“我们要加强对工作的宣传报道，充分利用报纸、电视、网络等媒体，开设垃圾分类知识专栏、拍摄趣味宣传视频、报道先进社区经验等，广泛宣传垃圾分类的重要意义、进展情况和取得的成效。营造良好的工作氛围，激发广大市民的积极性和主动性，为工作的顺利开展提供强大的舆论支持。”

其五，监督保障。建立健全监督机制，加强对工作的监督检查，确保工作质量和进度。可以通过内部监督、外部监督等方式进行监督。

例如，在关于重点项目建设的动员部署讲话中指出：“我们将建立健全监督机制，加强对工作的监督检查。成立专门的项目监督小组，定期对项目的施工进度、工程质量、资金使用等情况进行检查，及时发现和解决诸如施工方偷工减料、工期延误等问题。同时，我们也欢迎社会各界尤其是周边居民、合作单位等对我们的工作进行监督，提出宝贵意见和建议。”

23

视察工作

视察旨在了解基层工作实际情况，肯定成绩、提出要求并寄予希望。通过实地考察和交流，上级领导能够及时发现问题、给予指导，激励下级单位不断提升工作水平，为实现共同目标而努力奋斗。

常见讲话公式：肯定＋要求＋希望

▶肯定

其一，工作成绩。具体指出下级单位在工作中取得的显著成绩，可以提及关键指标的提升、重大项目的完成、创新举措的实施等。

例如，在对税务局视察的讲话中指出："在过去的一段时间里，你们单位在税收征管工作领域取得了令人瞩目的成绩（列举具体成果，如税收收入同比增长……，完成了年度税收任务的……，在全市税务系统排名前列；同时，在纳税服务方面，纳税人满意度达到了……，较去年提升了 n 个百分点等），这些成绩的取得，充分体现了你们团队的专业能力和拼搏精神。"

其二，团队精神。赞扬下级单位的团队凝聚力、协作精神和奉献精神。可以讲述团队在面对困难时的团结一心、互帮互助，以及为了实现共同目标而付出的努力。

例如，在对消防救援支队视察的讲话中指出："我也看到了你们单位所展现出的强大团队精神。在去年 ×× 地区发生的特大火灾事故救援中，大家齐心协力、攻坚克难，充分发挥了团队的力量。面对熊熊大火和复杂的救援环境，你们毫不退缩，相互配合，成功营救了多名被困群众，保护了人民群众的生命财产安全。这种团结协作的精神是你们取得成功的重要保障。"

其三，创新能力。认可下级单位在工作中的创新思维和创新实践。可以提及新的工作方法、技术应用、管理模式等方面的创新，以及这些创新带来的积极影响。

例如，在对某学校视察的讲话中指出："你们在教学工作中勇于创新，积极探索新的思路和方法。比如，不少老师引入了线上线下混合式教学模式，利用丰富的网络教学资源拓展课堂教学的深度和广度，还开展了项目式学习、小组合作探究等创新教学活动，极大地调动了学生的学习积极性和主动性，这种创新能力为学校教育教学的发展注入了新的活力。"

▶要求

其一，持续提升业绩。提出对下级单位在业务发展方面的要求，鼓励他们继续努力，不断提升工作业绩。可以设定具体的目标和指标，要求下级单位制订相应的计划和措施。

例如，在对某医院视察的讲话中指出："希望你们在现有成绩的基础上，再接再厉，持续提升医疗服务质量。希望在接下来的一年里，将患者治愈率再提高5%，平均住院日缩短1～2天。为了实现这个目标，你们需要进一步优化诊疗流程，加强医护人员的业务培训，提高医疗技术水平，同时拓展远程医疗服务范围，让更多患者能享受到优质的医疗资源。”

其二，创新发展思路。鼓励下级单位在工作中不断创新，开拓新的发展思路。可以分享一些创新的案例和经验，启发下级单位的创新思维。

例如，在对某农业合作社视察的讲话中指出：“在当今快速发展的时代，创新是企业的核心竞争力。希望你们勇于创新，敢于尝试新的方法和技术。可以关注行业的最新动态，借鉴其他优秀合作社的经验，结合自身实际，探索出适合你们单位的创新发展之路。比如，可以尝试发展农产品电商业务，利用互联网平台拓宽销售渠道；也可以开展农产品深加工，提高农产品附加值。”

其三，强化管理水平。对下级单位的管理提出要求，包括完善管理制度、加强内部沟通、提高决策效率等方面。可以提供一些管理方面的建议和指导。

例如，在对公安局视察的讲话中指出：“管理水平的提升是单位发展的重要保障。希望你们进一步完善管理制度，加强内部沟通和协调，提高决策效率。同时，要注重风险管理，建立健全风险防范机制，确保单位的稳定发展。”

▶希望

其一，未来发展方面。表达对下级单位未来发展的美好期望。希望他们能够在现有成绩的基础上，继续努力，不断开拓进取，为实现上级单位的战略目标做出更大的贡献。

例如，在对发展和改革部门视察的讲话中指出："希望在未来的征程中，你们能够敏锐洞察国内外经济形势变化，精准把握政策机遇，积极谋划和推进重大项目建设，优化产业结构，推动经济高质量发展，为实现我市的战略目标披荆斩棘，铸就辉煌。"

其二，社会责任方面。希望下级单位在发展自身业务的同时，积极履行社会责任。在环境保护、公益事业等方面，为社会做出积极贡献。

例如，在对某化工企业视察的讲话中指出："期望你们在追求经济效益的同时，不忘社会责任担当。比如，要加大环保设施投入，确保污染物达标排放；积极参与社会公益活动，为贫困地区的教育、医疗等事业贡献力量。"

其三，个人成长机会。强调下级单位为员工提供个人成长机会的重要性，鼓励员工不断学习和进步。可以提及培训计划、晋升机制、职业发展规划等方面的内容。

例如，在对人力资源和社会保障部门视察的讲话中指出："希望你们单位能够为员工提供更多的个人成长机会。可以制订完善的培训计划，鼓励员工参加各种学习和培训活动，提升他们的专业技能和综合素质。同时，要建立健全晋升机制，为优秀员工提供广阔的发展空间。"

24

传达精神

传达精神是确保上级重要指示和决策部署得以贯彻落实的关键环节。通过认真学习、积极贯彻和有效落实，能够使全体人员深刻领会精神内涵，统一思想认识，推动各项工作沿着正确的方向前进。

常见讲话公式：学习 + 贯彻 + 落实

▶学习

其一，认识重要性。强调所传达精神的重大意义和价值。说明该精神对当前工作的指导作用，以及对单位、行业乃至国家发展的深远影响。可以引用上级领导的讲话或重要文件中的表述，增强说服力。

例如，在传达“十四五”规划相关重要精神的讲话中指出：“此次传达的精神是在我国经济社会发展进入新阶段、面临新机遇与挑战的关键时期提出的重要指导，对于各行业找准发展定位、把握发展方向具有至关重要的意义。只有深刻认识到其重要性，我们才能以高度的责任感和使命感认真学习。”

其二，深入领会内涵。详细解读所传达精神的核心内容和关键要点。分析其内涵实质，帮助听众更好地理解精神的主旨和要求。结合实际案例进行阐述，使抽象的精神具体化，便于听众理解和接受。

例如，在传达乡村振兴战略相关精神的讲话中指出："这一精神主要包括产业振兴、人才振兴、文化振兴、生态振兴、组织振兴等核心内容要点，我们要逐字逐句地领会，理解其深刻含义和具体要求。特别是对产业振兴中如何因地制宜发展特色农业产业这一重点内容，要深入思考，结合不同乡村的实际土地资源、气候条件等工作实际进行分析。"

其三，多种学习方式。介绍多样化的学习方法，鼓励听众积极参与学习。

例如，在传达科技创新相关精神的讲话中指出："我们可以通过集中学习、个人自学、专题研讨等多种方式，深入学习这一精神。同时，利用线上线下资源，如阅读官方发布的政策文件、观看科技成果展示及专家解读视频、参加相关专业培训等，拓宽学习渠道，提高学习效果。"

▶贯彻

其一，制定贯彻方案。明确要求制定详细的贯彻落实方案，明确责任分工、时间节点和具体措施。

例如，在传达绿色发展相关精神的讲话中指出："各部门要根据传达的精神，迅速制定切实可行的贯彻方案，确保每一项任务都有具体的责任人、完成时间和考核标准，像在节能减排任务方面，明确具体部门负责不同区域、不同环节的监管与执行，规定相应时间节点达到既定的能耗降低指标等。"

其二，加强宣传引导。通过内部宣传渠道、会议传达等方式，广泛宣传精神内容，营造浓厚的贯彻氛围。

例如，在传达文化传承相关精神的讲话中指出："要充分利用内部网站、宣传栏、工作简报等平台，广泛宣传精神要点，比如展示各地优秀传统文化保护案例、文化传承的创新举措等，让每一位员工都了解并积极参与到贯彻落实工作中来。"

其三，领导带头贯彻。强调领导干部要发挥示范带头作用，以身作则，率先垂范。

例如，在传达廉政建设相关精神的讲话中指出："领导干部要带头学习、带头贯彻，严格遵守各项廉洁自律规定，以实际行动为广大员工树立榜样，推动精神的全面贯彻落实，杜绝出现任何形式的违规违纪行为。"

▶落实

其一，明确责任分工。将贯彻落实精神的任务分解到具体部门和个人，明确责任。

例如，在传达民生保障相关精神的讲话中指出："各部门要根据实施方案的要求，明确各自的职责和任务。部门负责人要切实履行领导责任，带头抓好落实，像民政部门负责具体的社会救助落实，人社部门抓好就业保障等相关工作。"

其二，注重实际效果。强调要以实际效果作为检验贯彻落实精神的标准。

例如，在传达高质量发展相关精神的讲话中指出："我们要把贯彻落实精神与实际工作相结合，以解决实际问题、推动工作发展为目标。通过贯彻落实精神，要在产业升级、产品质量提升等工作中取得实实在在的成效，为实现经济高质量发展的目标做出贡献。”

其三，加强监督检查。建立健全监督检查机制，对贯彻落实情况进行跟踪检查。

例如，在传达安全生产相关精神的讲话中指出：“成立专门的监督检查小组，定期对各部门的落实情况进行检查。对工作不力、落实不到位的部门和个人，如存在安全隐患排查不彻底等情况的，要严肃问责，确保贯彻落实工作不走过场、取得实效。”

25

研讨发言

研讨发言是在特定主题下进行深入交流和探讨的重要方式。通过明确主题内涵、分析现状特点、梳理关键问题，阐述重要性、必要性和可行性，并提出具体措施、明确责任主体和建立保障机制，为解决实际问题提供有益的思路和方案。

常见讲话公式：是什么 + 为什么 + 怎么做

▶是什么

其一，明确主题内涵。对研讨的主题进行清晰的界定和阐释，说明其核心概念和主要范围。

例如，在关于加强城市公共交通建设的研讨发言中指出："城市公共交通建设不仅仅是指增加公交线路和公交车辆的数量，其核心概念涵盖了构建便捷、高效、绿色、安全的公共交通出行体系，主要范围涉及城市不同区域间的线路规划、站点布局及与其他交通方式的衔接等内容，以此让大家对这一主题有准确的认知基础。"

其二，分析现状特点。描述当前与主题相关的实际情况和特点。可以通过数据、案例等方式进行说明。

例如，在关于加强城市生态环境保护的研讨发言中指出："当前城市的空气质量方面，根据相关监测数据显示，部分城市的优良天数比例虽逐年上升，但仍存在季节性波动，细颗粒物等污染物在特定时段超标情况时有发生；在水环境上，部分城市内河流水质仍处于轻度污染状态，一些老旧城区的雨污分流不够完善，导致污水混入雨水管网排入河道。"通过这些实际情况点明城市生态环境保护当下的现状特点。

其三，梳理关键问题。指出与主题相关的关键问题和矛盾点。这有助于明确研讨的重点和方向。

例如，在关于提升社区养老服务水平的研讨发言中指出："关键问题在于养老服务的资金来源相对单一，主要依赖政府财政投入，社会力量参与度不足；服务人员专业素养参差不齐，缺乏系统的专业培训体系；养老设施的功能也较为局限，难以满足老年人多样化的需求，像一些社区的老年活动中心缺少适老化的康复器材等。"从而清晰指出需要重点关注和探讨的矛盾所在。

▶为什么

其一，重要性分析。阐述主题的重要意义和价值。可以从国家战略、社会需求、经济发展、民生改善等多个角度进行分析。

例如，在关于推动科技创新发展的研讨发言中指出："从国家战略层面看，科技创新是提升国家核心竞争力，在全球科技竞争中占据主动地位的关键所在；从社会需求来讲，科技创新能够催生众多新兴产业，创造大量就业岗位，满足人们对便捷生活、高效生产的追求；在经济发展方面，科技创新是驱动产业升级、转变经济发展方式的核心动力；对于民生改善而言，像医疗领域的科技创新能让疾病诊断更精准、治疗更有效，提升民众的健康水平，凸显其多维度的重要性。”

其二，必要性分析。说明为什么必须关注和解决主题相关的问题。可以从问题的紧迫性、影响范围、潜在风险等方面进行分析。

例如，在关于应对气候变化行动的研讨发言中指出：“气候变化问题的紧迫性体现在极端天气事件越发频繁，如暴雨洪涝、高温干旱等灾害不断增多，对人们的生命财产安全造成直接威胁；其影响范围是全球性的，涉及农业、水资源、生态系统等众多领域，会导致粮食减产、水资源短缺、生物多样性受损等严重后果；潜在风险更是不可小觑，若不及时应对，可能使海平面持续上升，淹没沿海众多城市和岛屿，所以必须高度关注并积极解决相关问题。”

其三，可行性分析。探讨实现主题目标的可行性和条件。可以分析现有的政策支持、技术手段、资源保障等方面的情况。

例如，在关于发展新能源产业的研讨发言中指出：“在政策支持方面，国家出台了一系列补贴政策和产业规划，鼓励新能源企业发展，引导社会资本投入；从技术手段来看，太阳能光伏发电技术不断进步，转换效率提高、成本降低，风电的单机容量增大、稳定性增强；在资源保障上，我国太阳能、风能等新能源资源丰富，具备大规模开发利用的良好基础，这些都为新能源产业发展目标的实现提供了有力支撑。”

▶怎么做

其一，提出具体措施。针对主题相关的问题，提出具体的解决措施和行动方案。措施要具有针对性、可操作性和实效性。

例如，在关于提高全民阅读水平的研讨发言中指出："可以加大公共图书馆的建设力度，在社区、乡村等增设更多分馆，方便居民借阅图书；开展多样化的阅读推广活动，如举办读书分享会、邀请作家举办讲座等；还可以利用互联网平台，打造线上阅读社区，鼓励人们分享阅读心得，通过这些具体举措来提升全民阅读的参与度和效果。"

其二，明确责任主体。确定各项措施的责任主体，确保措施能够得到有效落实。可以明确政府部门、企业、社会组织、个人等不同主体的职责和任务。

例如，在关于加强古建筑保护的研讨发言中指出："政府文物保护部门要负责制定完善的保护规划、提供资金支持以及进行日常的监督检查；相关的文化企业可以参与古建筑的合理开发利用，通过文创产品等形式让古建筑文化传播得更广；社会组织可以发起志愿者活动，协助宣传古建筑保护知识、参与维护工作；而广大民众则要增强保护意识，做到不破坏古建筑、积极参与保护宣传等。"

其三，建立保障机制。为确保措施的顺利实施，建立相应的保障机制。可以包括政策保障、资金保障、技术保障、监督考核机制等。

例如，在关于加强食品安全监管的研讨发言中指出："政策保障上，完善食品安全相关法律法规，细化各类食品生产、加工、销售等环节的标准；资金保障方面，设立专项监管资金，用于购置先进的检测设备、开展人员培训等；技术保障要利用大数据、区块链等技术实现食品从源头到餐桌的全程追溯；监督考核机制需建立对监管部门、食品生产经营主体的定期考核，对违规行为严肃处理。"

26

获奖感言

获奖感言是在获得荣誉时表达内心感受和感激之情的重要时刻。通过真诚地感谢各方支持、保持谦虚态度、表明未来决心并再次感谢，能够展现获奖者的感恩之心和积极进取的精神风貌。

常见讲话公式：感谢 + 谦虚 + 表态 + 再次致谢

▶感谢

其一，感谢主办方和组织者。可以提及主办方的专业和用心，以及他们为活动付出的努力。

例如，在写作比赛的获奖感言中指出："我要衷心感谢本次活动的主办方和组织者，你们的精心策划和组织，为我们提供了这样一个展示自我的精彩平台。从活动的筹备到顺利开展，每一个环节都体现了你们的敬业精神和对参与者的尊重。"

其二，感谢评委和嘉宾。对评委的专业和公正表示敬意和感谢。

例如，在学术研讨会的获奖感言中指出："感谢各位评委老师，你们以专业的眼光和严谨的态度，对每一个参赛作品进行了认真评审。你们的认可和鼓励，是我前进的动力。还要感谢各位嘉宾的莅临，你们的到来让这个活动更有意义，也让我们感受到了更多的鼓励和支持。”

其三，感谢家人、朋友和同事。家人的支持是成功的重要后盾，可以表达对家人的爱和感激。

例如，在科研奖项的获奖感言中指出：“我要感谢我的家人，在我追求梦想的道路上，你们一直给予我无条件地支持和鼓励。你们的陪伴和理解，让我有了坚持下去的勇气。感谢我的朋友们，你们在我遇到困难时给予我鼓励和建议，让我能够不断进步。还要感谢我的同事们，我们一起努力，共同成长，这份荣誉也有你们的一份功劳。”

其四，感谢竞争对手和其他参与者。表达对对手的尊重和敬意，他们的优秀表现激励自己不断努力。

例如，在摄影比赛的获奖感言中指出：“我也要感谢我的对手们，你们的出色表现让我感受到了竞争的压力，也让我更加努力地提升自己。感谢其他参与者的共同努力，营造了良好的氛围和竞争环境。”

其五，感谢其他相关人员。如果有其他对自己获奖有帮助的人，如导师、合作伙伴等，也可以一一感谢。

例如，在科研项目获奖感言中指出：“我的导师在我的成长道路上给予了我很多指导和帮助，我衷心感谢他。感谢我的合作伙伴，我们的共同努力让我们取得了今天的成绩。”

▶谦虚

其一，承认自己的不足。可以提及自己在获奖作品或项目中还有哪些可以改进的地方。

例如，在朗诵比赛的获奖感言中指出：“这次活动中，我看到了很多优秀的作品和选手，他们的才华和努力让我深感敬佩。我知道自己还有很多需要学习的地方，我会继续努力，不断提升自己。”

其二，强调团队的作用。即使是个人获奖，也可以强调团队的支持和贡献。

例如，在个人获得创新奖项的获奖感言中指出：“这个奖项不仅仅是对我个人的认可，更是对我们整个团队的肯定。在团队合作中，我学到了很多东西。我们相互支持，相互鼓励，共同克服了一个又一个困难。我深知，一个人的力量是有限的，只有团队的力量才能创造更大的价值。”

其三，表达继续学习的态度。强调自己将继续努力学习，不断提高自己的能力。

例如，在技能比赛的获奖感言中指出：“我打算在今后的日子里，多读一些专业书籍，参加一些培训课程，不断充实自己。我也希望能够有机会与更多的优秀人才交流学习，共同进步。”

▶表态

其一，继续努力，追求更高目标。表达自己对未来的决心和努力的方向，让听众感受到你的积极进取精神。

例如，在行业奖项的获奖感言中指出：“我会倍加珍惜这个荣誉，继续努力，不断提升自己的能力和水平，为行业的发展做出更大的贡献。”

其二，分享经验，帮助他人成长。如果可能，可以分享自己的成功经验，帮助其他有梦想的人。

例如，在写作比赛获奖感言中指出："我希望我的经历能够给大家带来一些启发和帮助。在追求梦想的道路上，我们都会遇到困难和挫折，但只要我们坚持不懈，就一定能够克服困难，实现自己的梦想。我也希望能够与更多的人合作，共同探索，共同进步。我相信，在合作中我们能够互相学习，互相促进，共同创造更加美好的未来。"

其三，回报社会，传递正能量。强调自己对社会的责任感，表达回报社会的决心。

例如，在公益奖项的获奖感言中指出："获得这个奖项，让我更加深刻地认识到自己的社会责任。我会用自己的行动，回报社会，传递正能量，为社会的发展做出自己的贡献。"

▶再次致谢

在结尾处再次表达对所有支持和帮助过自己的人的感谢之情，让感谢贯穿整个讲话。

例如，在任何类型的获奖感言中指出："最后，我再次衷心感谢每一个支持和帮助过我的人。这个奖项属于你们，我会永远铭记你们的恩情，谢谢你们！"

27

表态发言

表态发言是在特定场合下表明个人或团队立场、态度和行动方向的重要方式。通过强调学习的重要性、树立正确思想、明确行动目标和保持良好作风，能够展现出积极向上的精神状态和务实担当的工作态度。

常见讲话公式：学习 + 思想 + 行动 + 作风

▶学习

其一，保持求知欲。强调对知识的渴望是不断进步的动力。积极主动地寻求学习机会，无论是专业领域的新知识，还是跨学科的综合知识，都应保持开放的心态去接纳。

例如，在社区环境整治表态发言中指出："面对复杂多样的环境治理知识，我们要保持强烈求知欲，像垃圾分类的细化标准、绿化养护的专业技巧等内容，尽管有些并非我们原本熟知，但我们应始终积极去了解掌握，主动向环保专家以及有经验的社区工作者请教，不放过任何能提升我们治理能力的知识点，凭借这份求知欲，让我们在打造优美社区环境工作中不断取得进展。"

其二，制订学习计划。有计划的学习能够提高效率，确保全面系统地掌握所需知识。明确学习目标、时间安排和学习内容，使学习过程更加有序。

例如，在历史研究表态发言中指出："研究浩瀚的历史长河是个艰巨任务，所以要制订学习计划，明确以某个特定历史时期为学习目标，安排好每周固定时间深入研读相关古籍、考古资料等内容，梳理政治、经济、文化等多方面脉络，让学习有序开展，逐步构建起对这一时期全面且系统的认知，避免杂乱无章的学习导致知识碎片化。"

其三，学以致用。将所学知识应用到实际工作和生活中，才能真正发挥学习的价值。通过实践检验知识的有效性，同时也能加深对知识的理解和掌握。

例如，在哲学思辨表态发言中指出："学习诸多哲学思想后，要将其运用到对日常生活现象的思考中，当面临选择困境时，运用所学的辩证唯物主义观点，去分析利弊、权衡主次，而不是仅仅停留在理论层面的知晓，通过实践，让哲学智慧真正融入生活，指导我们做出更合理的抉择，也进一步深化对哲学理念的理解。"

▶思想

其一，树立正确的价值观。明确自己的价值取向，坚守道德底线，以积极向上的价值观引导自己的行为。正确的价值观能够让你在面对各种选择和挑战时，做出明智的决策。

例如，在历史文化研究表态发言中指出："面对一些歪曲历史的言论和行为，我们要坚守正确的价值观，以尊重史实、传承文化为导向，坚决抵制那些为博眼球而篡改历史的做法，用严谨的考证、客观的阐述去还原历史真相，引导大众树立正确的历史观，让历史文化能以真实的面貌传承下去。”

其二，培养创新思维。勇于突破传统思维模式，敢于尝试新的方法和理念。在不断变化的环境中，创新思维能够帮助你找到解决问题的新途径。

例如，在传统民俗活动推广表态发言中指出：“以往民俗活动多局限于本地举办、形式较为固定，我们借鉴现代活动的宣传推广模式，利用网络直播等新手段，打破地域限制，创新活动形式，吸引了更多年轻人参与，让传统民俗焕发出新的生机，我们要继续秉持这种创新精神，不断探索民俗传承的新方式。”

其三，保持乐观心态。积极乐观的心态能够增强你的抗压能力，让你在面对困难和挫折时保持坚定的信心。以乐观的态度看待问题，能够发现更多的机会和可能性。

例如，在古籍整理表态发言中指出：“古籍因年代久远、破损严重，整理工作难度极大，时常遇到耗费大量精力修复却效果不佳的情况，但我们秉持乐观心态，把每次遇到的难题当作提升技艺的契机，从失败中总结经验，相信只要坚持下去，就能让更多珍贵古籍重现光彩，朝着完整保存古籍文化的目标不断迈进。”

▶行动

其一，明确目标，制订计划。确定具体的行动目标，并制订详细的行动计划。将大目标分解为小目标，逐步实现，确保行动的有效性和针对性。

例如，在乡村振兴项目推进表态发言中指出：“我们要以提升村民收入、改善乡村环境为核心目标，制订详细计划。先将大目标分解为特色产业培育、基础设施完善、乡风文明建设等小目标，每月明确具体任务，像第一季度完成20亩特色水果种植基地的规划，第二季度启动村内道路硬化工程，通过分步实施，确保乡村振兴工作有序推进，让村民切实感受到变化。”

其二，勇于行动，敢于担当。在行动中要勇敢果断，敢于承担责任。不要害怕失败，只有通过不断尝试，才能积累经验，取得成功。

例如，在老旧小区改造项目表态发言中指出：“莱特兄弟在发明飞机的过程中，面临了诸多技术难题，经历了无数次的试飞失败，但他们始终勇于行动，敢于担当，不断改进飞机的设计与构造，最终成功让飞机翱翔于蓝天。我们在工作中也要敢于接受挑战，积极承担改造过程中遇到的管线迁移协调、居民意见征集等难点工作，主动面对施工中的突发问题，不推诿、不退缩，为实现老旧小区‘旧貌换新颜’的目标而努力奋斗。”

其三，注重细节，追求卓越。细节决定成败，在行动中要注重每一个细节，力求做到尽善尽美。以高标准要求自己，追求卓越的品质。

例如，在精密仪器制造表态发言中指出：“瑞士手表以其精湛的工艺和对细节的极致追求而闻名于世。我们也要在工作中认真对待每一个环节，从零件打磨到组装校准，不放过任何微小误差。”

▶作风

其一，保持艰苦奋斗。发扬艰苦奋斗的优良传统，勤俭节约，反对铺张浪费。在工作和生活中，始终保持艰苦朴素的作风，不追求奢华享受，以实际行动践行社会主义核心价值观。

例如，在石油行业发展表态发言中指出：“王进喜带领石油工人艰苦奋斗，在恶劣的环境下开发大庆油田，为国家的石油工业做出了巨大贡献。我们要学习王进喜的艰苦奋斗精神，在工作中勤勉敬业，在生活中克勤克俭。”

其二，坚持密切联系群众。牢固树立宗旨意识，密切联系群众，倾听群众呼声，关心群众疾苦。切实为群众办实事、解难题，不断增强人民群众的获得感、幸福感、安全感。

例如，在基层工作表态发言中指出：“焦裕禄、孔繁森等优秀干部，始终把人民群众的利益放在首位，深入基层，与群众同甘共苦，为群众排忧解难。我们要以他们为榜样，密切联系群众，全心全意为人民服务。”

其三，做到清正廉洁。严格遵守廉洁自律各项规定，自觉抵制各种诱惑。做到公正用权、依法用权、廉洁用权，树立良好的干部形象。

例如，在公职人员履职表态发言中指出：“陈行甲为官清廉，在担任巴东县委书记期间，公正执法，不畏权贵，深受百姓爱戴。我们要学习陈行甲的清正廉洁精神，在工作中严格要求自己，做到廉洁奉公、不谋私利。”

其四，保持谦虚谨慎的态度。表达自己在工作中的谦虚态度，尊重他人的意见和建议。

例如，在新入职工作表态发言中指出：“初入职场，面对全新的业务和复杂的人际关系，有太多不懂的地方，我将始终保持谦虚谨慎的态度，虚心向经验丰富的前辈请教业务技巧，向身边同事学习为人处世之道，不断提升自己，尽快适应工作环境，为单位贡献自己的力量。”

28

礼仪致辞

礼仪致辞是在各种正式场合中表达感谢、回顾过去、展望未来的重要方式。通过多元化的感谢对象、具体化的感谢内容和多样化的感谢方式，回顾活动历程、成就与收获及感人故事，展望未来发展、表达期望与祝福并发出倡议与号召，能够营造良好的氛围，增强活动的影响力。

常见讲话公式：感谢 + 回顾 + 展望

▶感谢

其一，感谢对象多元化。可以感谢活动的组织者、参与者、赞助商等。对不同的对象表达不同的感激之情，体现致辞的全面性和周到性。

例如，在一场文化艺术展览的礼仪致辞中指出："首先，我要向本次展览的组织者致以最诚挚的谢意，是你们精心策划、细致筹备，才让这场展览得以精彩呈现；同时，也要感谢每一位参与展览的艺术家，你们用独特的艺术语言和精湛的技艺，为我们带来了一场视觉盛宴；还要感谢各位赞助商，你们的慷慨支持为展览的顺利举办提供了有力的保障；最后，感谢每一位前来参观的观众，你们的热情参与让展览充满了生机与活力。”

其二，感谢内容具体化。不要泛泛而谈地说感谢，而是要具体指出感谢的原因和事项。通过具体的事例和细节，让感谢更加真诚和有感染力。

例如，在一场志愿者活动的礼仪致辞中指出：“特别要感谢志愿者团队中的小李同志，在活动前期，他花费了大量的时间和精力去联系受助对象，了解他们的需求，为活动的顺利开展奠定了基础。志愿者们在活动当天，不顾天气炎热，始终坚守在自己的岗位上，为大家提供了周到的服务，这种无私奉献的精神值得我们每一个人学习。”

其三，感谢方式多样化。可以用语言表达感谢，也可以通过赠送礼物、颁发证书等方式来表达感激之情。根据不同的场合和对象，选择合适的感谢方式。

例如，在一场艺术展览的礼仪致辞中指出：“在这里，我们不仅要用语言表达对艺术家们的感谢，还要为他们颁发荣誉证书，以表彰他们为本次展览所做出的杰出贡献。同时，我们也为现场积极参与互动的观众准备了一份小礼物，感谢你们对艺术的热爱和支持。”

▶回顾

其一，回顾活动历程。简要回顾活动的背景、目的和过程。可以按照时间顺序或者活动的重要节点进行回顾，让听众对活动有一个整体的了解。

例如，在一场城市马拉松比赛的礼仪致辞中指出：“还记得几个月前，我们开始策划这场马拉松比赛，从路线的规划到安全保障的安排，从物资的准备到志愿者的培训，每一个环节都倾注了大家的心血。在筹备过程中，我们遇到了许多困难和挑战，但大家齐心协力，克服了重重困难。今天，我们终于迎来了这场期待已久的马拉松比赛。”

其二，回顾成就与收获。总结活动取得的成就和收获，包括成果、经验、教训等。可以从不同的角度进行分析，如社会效益、经济效益、个人成长等。

例如，在一次旅游文化节的礼仪致辞中指出：“通过这次旅游文化节，我们不仅向外界展示了本地丰富的旅游资源和独特的文化魅力，还吸引了大量的游客前来观光旅游，为本地的旅游业发展带来了显著的经济效益。据统计，文化节期间，本地的旅游收入同比增长了 ×%，旅游相关产业得到了蓬勃发展。同时，文化节的举办也促进了不同地区之间的文化交流与合作，让更多的人了解和认识了我们这座城市，提升了城市的知名度和美誉度。”

其三，回顾感人故事和瞬间。讲述活动中发生的感人故事和瞬间，以情动人，增强致辞的感染力。可以通过讲述个人经历、引用他人的故事等方式来呈现。

例如，在一次公益徒步活动的礼仪致辞中指出：“在这次公益徒步活动中，有许多感人的故事和瞬间让我们难以忘怀。有一位年近七旬的老人，他不顾家人的反对，坚持参加徒步活动，用自己的行动诠释了对公益事业的支持和热爱；还有一对年轻的情侣，他们在徒步过程中相互扶持、相互鼓励，共同完成了全程，他们的爱情在公益的道路上得到了升华；更有一群小朋友，他们拿着自己制作的募捐箱，在路边为贫困地区的孩子们募集善款，那一张张纯真的笑脸，让我们看到了未来的希望。”

▶展望

其一，展望未来发展。对活动的未来发展进行展望，提出目标和计划。可以结合当前的形势和趋势，分析活动的发展前景和潜力。

例如，在一场文化交流活动的礼仪致辞中指出："未来，我们希望能够举办更多这样的文化交流活动，让不同地区、不同民族的文化在这里碰撞、交融。我们将进一步拓展活动的形式和内容，吸引更多的人参与其中，为推动文化的繁荣和发展做出更大的贡献。"

其二，表达期望与祝福。表达对参与者、组织者和相关人员的期望和祝福。可以用积极向上的语言，激励大家为实现共同的目标而努力奋斗。

例如，在一次新年晚会的礼仪致辞中指出："新的一年，希望大家都能够怀揣着梦想和希望，勇往直前。祝愿每一位朋友都能够身体健康、工作顺利、家庭幸福。也希望我们这个大家庭能够更加团结、更加和谐，共同创造美好的未来。"

其三，发出倡议与号召。根据活动的主题和目的，发出倡议和号召，鼓励大家积极行动起来。可以提出具体的行动建议和要求，让听众明确自己的责任和使命。

例如，在一次文明城市创建活动的礼仪致辞中指出："让我们携手共进，从自身做起，从小事做起，自觉遵守社会公德，爱护公共环境，文明出行，礼貌待人。让我们用实际行动为创建文明城市贡献自己的力量，让我们的城市更加美丽、更加宜居。"

29

竞聘演讲

竞聘演讲是在各类竞聘场合中展现自我、剖析岗位、规划工作的重要途径。通过清晰准确的岗位认知、全面客观的个人优势阐述和切实可行的工作规划，剖析岗位的职责、要求与意义，展现自身专业素养、经验能力及独特闪光点，规划未来工作方向、目标举措以及预期成效，能够提升自身竞争力，增加竞聘成功的概率。

常见讲话公式：岗位认知 + 个人优势 + 工作规划

▶岗位认知

其一，明晰岗位职责。要对竞聘岗位所涵盖的具体工作内容进行详细梳理，清楚了解每一项任务的要求与目标，这是做好岗位工作的基础。

例如，在某学校教师岗位的竞聘演讲中指出："教师岗位不仅要完成日常的授课任务，还需关注学生的心理健康，引导他们树立正确的价值观，这都是职责所在，缺一不可。"

其二，把握岗位要求。要深入知晓岗位对专业技能、知识储备及综合素质等方面有着怎样的具体标准，以便衡量自己是否契合。

例如，在某医院科室主任岗位的竞聘演讲中指出："科室主任岗位要求具备扎实的医学专业知识，同时要有出色的团队管理能力以及应对突发医疗状况的应急处理能力，这些要求时刻提醒着我要不断提升自己。"

其三，洞察岗位发展。结合行业趋势、单位整体发展规划等因素，分析竞聘岗位在未来一段时间内可能面临的机遇与挑战，体现出自己的前瞻性思维。

例如，在某互联网公司运营岗位的竞聘演讲中指出："随着互联网行业竞争日益激烈，我们运营岗位需要紧跟潮流，积极探索新的流量获取渠道及用户留存方式，这样才能在未来助力公司业务持续拓展。"

▶个人优势

其一，专业能力过硬。阐述自己在专业领域所积累的知识、技能以及取得的相关成果，证明自己能胜任岗位专业要求。

例如，在某设计岗位的竞聘演讲中指出："我有着多年的设计学习经历，熟练掌握多种设计软件，并且参与过多个重要项目的设计工作，具备扎实的专业功底。"

其二，实践经验丰富。分享过往工作或学习实践中积累的与竞聘岗位相关的经验，体现自己处理实际问题的能力。

例如，在某市场营销岗位的竞聘演讲中指出："我曾参与过多个产品的市场推广活动，在市场调研、客户拓展及活动策划等方面都积累了丰富的实战经验，这些经验能助力我更好地开展工作。"

其三，综合素质突出。强调自己在沟通协作、抗压应变等综合素质方面的优势，展现全面发展的良好形象。

例如，在某项目管理岗位的竞聘演讲中指出："我善于与不同部门、不同性格的人员沟通协调，面对项目中的各种突发情况也能沉着冷静应对，这些综合素质能保障项目顺利推进。"

▶工作规划

其一，短期目标明确。制定竞聘成功后短期内要达成的具体工作目标，让评委看到清晰的工作思路。

例如，在某财务岗位的竞聘演讲中指出："如果我竞聘成功，在第一个月内我会完成对财务账目的全面梳理，排查可能存在的风险点，确保财务工作平稳有序。"

其二，中期举措得力。规划在中期阶段为推动工作进展、提升工作质量所采取的关键举措，展现执行能力。

例如，在某技术研发岗位的竞聘演讲中指出："在接下来半年到一年的时间里，我计划引入新的研发理念和技术手段，带领团队攻克目前项目中的几个关键技术难题，提升产品的竞争力。"

其三，长期成效可期。展望长期来看通过自己的努力能为岗位及所在单位带来怎样的良好成效，体现长远眼光。

例如，在某企业管理岗位的竞聘演讲中指出："从长远角度出发，我希望通过优化管理流程、打造高效团队等举措，让企业在市场中占据更有利的地位，实现业绩的稳步增长。"

30

就职感言

就职感言是在新的工作岗位上表达感激、阐明决心、展望未来的重要方式。通过对组织培养、领导支持、同事帮助等的感谢，用具体事例和真挚情感阐述感谢内容，用简洁有力或深情真挚等多样化的感谢方式，表明对工作的态度、目标和原则等方面的决心，展望未来工作的发展方向、团队的成长及对共同愿景的追求等，能够树立良好形象，赢得信任与支持，为今后的工作奠定坚实基础。

常见讲话公式：感谢 + 表态 + 展望

▶感谢

其一，感恩组织培养。组织给予了我们任职的机会，为我们提供了发展的平台和空间，让我们能够在更广阔的舞台上施展才华。

例如，在某县长的就职感言中指出："我要衷心感谢组织对我的信任和培养，是组织的悉心栽培让我一步步成长，走到今天这个岗位，我深知这份信任来之不易，我将倍加珍惜。"

其二，感激领导支持。领导的指引、鼓励和支持，对我们的成长和工作有着至关重要的作用。

例如，在某部门负责人的就职感言中指出：“感谢各位领导一直以来对我的关心和指导，在我工作遇到困难时，是你们给予我帮助和支持，让我能够不断克服困难，取得进步。”

其三，感恩同事帮助。同事是我们工作中的伙伴，他们的协作、配合和帮助，是我们顺利开展工作的重要保障。

例如，在某新上任的办公室主任的就职感言中指出：“我要感谢每一位同事在过去工作中对我的帮助和支持，是你们的辛勤付出和无私奉献，让我们的团队取得了一个又一个的成绩，我期待在今后的工作中继续与你们携手共进。”

▶表态

其一，坚定政治立场。在新的岗位上，要始终保持对党的忠诚，坚决贯彻执行党的路线方针政策，自觉在思想上、政治上、行动上同党中央保持高度一致。

例如，在某政府官员的就职感言中指出：“我将把坚定政治立场作为首要任务，不断增强‘四个意识’、坚定‘四个自信’、做到‘两个维护’，始终保持政治上的清醒和坚定，为党和人民的事业不懈奋斗。”

其二，强化责任担当。要深知自己肩负的责任和使命，以高度的责任感和使命感，认真履行职责，积极主动地开展工作。

例如，在某项目负责人的就职感言中指出：“我将以更加饱满的热情和更加昂扬的斗志，全身心地投入到项目工作中，勇于担当，敢于负责，确保项目按时、高质量地完成。”

其三，坚持廉洁自律。要严格遵守党纪国法和廉洁自律的各项规定，自觉抵制各种诱惑，做到清正廉洁、公道正派。

例如，在某单位领导的就职感言中指出："我将始终牢记廉洁自律是党员干部的立身之本，严格要求自己，自觉接受组织和群众的监督，做到心有所畏、言有所戒、行有所止，坚决杜绝以权谋私等行为。"

▶展望

其一，描绘发展蓝图。对未来的工作进行规划和设想，明确工作的目标和方向，为团队和组织的发展指明道路。

例如，在某市长的就职感言中指出："在未来的工作中，我们将以推动城市高质量发展为目标，加快产业升级，培育新兴产业，加大基建投入，改善交通、环境与公共服务，加强社会事业发展，促进社会公平正义，让发展成果惠及全体市民。"

其二，强调团队建设。团队的力量是无穷的，要注重团队建设，加强团队成员之间的沟通、协作和配合，提高团队的凝聚力和战斗力。

例如，在某企业部门经理的就职感言中指出："我将致力于打造一个团结、高效、创新的团队，充分发挥每一位成员的优势和潜力，让我们的团队在市场竞争中脱颖而出。"

其三，表达信心决心。对未来的工作充满信心，表达出克服困难、实现目标的决心和勇气。

例如，在某学校校长的就职感言中指出："我坚信，只要我们全体师生团结一心，奋勇拼搏，就一定能够克服各种困难，创造出更加优异的成绩，为学校的发展谱写新的篇章。"

[四]

提升语言趣味

31

运用幽默语言

幽默是发言讲话中一抹亮丽的色彩，它如同神奇的魔法，能瞬间拉近与听众的距离，让讲话变得生动有趣、引人入胜。

▶ 自我调侃

自我调侃是一种有效的幽默方式，可以让听众感到讲话者的亲和力和真实感。

其一，调侃自己的外貌。可以从自身独特的外貌特征入手，用诙谐的语言描述，引发共鸣。

例如，在一场关于团队建设的讲话中，我们可以说："我这小眼睛，一笑就眯成了缝，不知道的还以为我睡着了呢。每次拍照，都得努力睁大眼睛，可还是像没睡醒似的，不过这也算是我的'特色'了。"（讲话者通过自嘲外貌特点，以夸张且风趣的表述，拉近与听众的距离，引发共鸣）

其二，调侃自己的能力。通过讲述自己在工作或生活中能力不足的小插曲，以轻松口吻展现。

例如，在一场关于业务拓展的讲话中，我们可以说："我这社交能力啊，刚开始见了客户都不知道该怎么开口，大脑一片空白，就像个

木头人似的，还好有同事帮忙救场，不然业务可就黄了。”（将自身社交窘态具象化，借助对比突出同事助力，诙谐又显谦逊）

其三，调侃自己的经历。选取经历中尴尬、有趣的片段，用幽默表述方式分享出来。

例如，在一场关于乡村振兴工作的讲话中，我们可以说：“我第一次去这个地区走访，那路颠得我差点散架，还迷了路，找了好久才找到村子，当时那狼狈样，现在想想都好笑，不过看到乡亲们的生活状况，也坚定了我做好乡村振兴工作的决心。”（先详述尴尬经历引人发笑，再话锋一转表明决心，使讲话层次丰富）

又如，在一场关于文化传承的讲话中，我们可以说：“我小时候对传统文化一点都不感兴趣，觉得那些老古董没啥用，后来接触多了才发现其中的博大精深，我这转变，就像从‘门外汉’一下子成了‘忠实粉丝’，真是奇妙的经历。”（以自身态度转变为切入点，巧用比喻，在幽默中增添文化感染力）

▶巧用双关语

双关语是一种利用词语的多义性或同音异义性来制造幽默效果的语言技巧。

其一，利用词语的多义性。结合讲话主题，选用有多重含义的词语，巧妙关联不同层面语义。

例如，在一场关于廉政建设的讲话中，我们可以说：“我们要守好自己的‘底线’，这‘底线’既是纪律的红线，也是道德的基准线，一旦突破，后果不堪设想。”（紧扣廉政主题，阐释“底线”双重内涵，

简洁有力且富有深意）

又如，在一场关于教育改革的讲话中，我们可以说："我们的教育要注重培养学生的'个性'，这里的'个性'既是独特的才能，也是独立的人格，只有这样，学生才能在未来的社会中立足。"（围绕教育改革，拆解"个性"多义，使讲话既有深度又具引导性）

其二，利用谐音。可挑选同音或近音字，关联不同语义，制造意外感与诙谐效果。

例如，在一场关于文化遗产保护的讲话中，我们可以说："这些古老的建筑是我们的'家珍'，哦，不，是'家珍'，珍贵的'珍'，也是'家真'，真正的'真'。它们承载着我们的历史和记忆，是我们民族的根脉所在。"（挖掘"家珍"谐音新义，深化文化遗产内涵，让讲话妙趣横生）

其三，利用语义的模糊性。运用语义宽泛、可多解的表述，引导听众多元理解，增添趣味。

例如，在一场关于机关作风建设的讲话中，我们可以说："我们在工作中要把握好'火候'，这'火候'既是工作推进的节奏，也是与群众沟通的分寸，需要我们用心去拿捏。"（借助"火候"模糊语义，融合工作多方面要点，形象又生动）

又如，在一场关于城市规划的讲话中，我们可以说："我们在规划城市时要处理好'新旧'关系，这'新旧'既是建筑的更替，也是文化的传承与发展，要做到有机结合。"（对"新旧"做多元解读，贴合城市规划复杂内涵，使讲话引人深思）

▶夸张手法

夸张是一种通过夸大或缩小事物的特征来制造幽默效果的语言技巧。

其一，夸大事物的数量。结合讲话场景，将事物数量极度夸张，突出强调相关现象。

例如，在一场关于文明城市创建的讲话中，我们可以说：“我们这次为了创建文明城市要发放的宣传资料，如果一张张连起来，能绕城市好几圈，大家要让这些资料发挥作用，增强市民的文明意识。”（以资料连起来绕城市几圈的夸张，凸显工作规模，提高大家对发放宣传资料的重视程度）

又如，在一场关于人才引进的讲话中，我们可以说：“我们这次招聘收到的简历，堆起来比人都高，可见大家对我们单位的热情，我们可要好好筛选，把优秀人才都招揽进来。”（用简历堆比人高的夸张，直观展现应聘热度，营造轻松氛围）

其二，夸大事物的程度。可极度强化事物特征、影响等，用夸张表述增强感染力。

例如，在一场关于机关效能建设的讲话中，我们可以说：“有些部门的办事效率低得啊，办一件小事都能让申请人等得头发都白了，这怎么行？必须改进提高。”（以等到头发变白夸张低效，形象且犀利地指出问题）

又如，在一场关于食品安全监管的讲话中，我们可以说：“如果对食品安全问题不重视，那危害严重起来能让整个城市的人都病得爬不起来，我们一定要严格把关。”（借全城人病倒的夸张，突出食品安全

严峻性，引发听众重视）

其三，缩小事物的程度。把原本较严重事物描述得微不足道，形成幽默反差。

例如，在一场关于机关作风整顿的讲话中，我们可以说："我们有些干部身上存在的小毛病，虽然看起来像蚊子叮的包一样微小，但积累起来也会影响整个机关的形象，必须及时整改。"（将干部毛病比作蚊子叮的包，反差强调其不良影响，利于听众接受）

又如，在一场关于基层治理的讲话中，我们可以说："我们社区存在的一些小问题，就像鞋里的小石子，虽然不大，但走起路来也会硌脚，必须把它们都清理掉，让社区治理更顺畅。"（以社区问题类比鞋中小石子，生动展现问题影响，增强讲话亲和力）

32

联系生动事例

生动的事例是发言讲话的灵魂，它们犹如璀璨的星星，点缀在讲话中，使其熠熠生辉。无论是个人的独特经历、名人的传奇逸事，还是当下的社会热点，都能为我们的讲话注入强大的生命力。

▶个人经历

个人经历是最能引发共鸣的素材，因其真实且具有独特性。在讲话中引用个人经历，能让听众感受到讲话者的真诚，拉近与听众的距离，使抽象的观点变得具象化。

其一，紧扣主题，突出典型。选取个人经历时，要确保事例与讲话主题紧密相关，且能突出核心观点。通过对经历的深入挖掘，提炼出最具代表性的情节，避免冗长琐碎。比如在讲述如何面对工作挑战时，选取一次艰难的项目攻坚经历，重点描述过程中的困难与突破。

例如，在一场关于融媒体工作的讲话中，我们可以说："记得有一次，突发重大新闻事件，我们融媒体团队连夜奋战，整合多方资源，通过图文、视频、直播等多种形式，第一时间将准确信息传递给大众，收获了无数点赞。"（以亲身经历展现融媒体工作的时效性与团队协作精神，贴合主题）

又如，在一场关于卫生健康工作的讲话中，可以说：“我们曾深入基层开展健康普查，连续多日走村入户，为行动不便的老人进行健康检查，看到他们脸上的笑容，深感这份工作的意义重大。”（用具体事例体现卫生健康工作的服务性与奉献精神）

其二，注重细节，增强感染力。生动的细节能让经历更鲜活，引发听众的情感共鸣。在描述经历时，加入对场景、人物语言、心理活动等细节的刻画，让听众身临其境。

例如，在一场关于城市管理执法工作的讲话中，我们可以说：“有一回整治占道经营，一位卖菜的老奶奶十分抗拒。我耐心和她沟通，了解到她是为了给孙子攒学费，便帮她联系了正规摊位。如今每次路过，她都会热情地打招呼。”（通过细节展现执法中的温情，体现城市管理的人性化）

又如，在一场关于医疗保障工作的讲话中，我们可以说：“曾接到一位患者家属的求助电话，声音焦急又无助。我们迅速启动应急流程，协调各方资源，最终为患者解决了高额医疗费用难题，电话那头传来的哽咽感谢，让我难忘至今。”（细节描写凸显医保工作的重要性与责任感）

其三，升华感悟，传递价值。引用个人经历不能止步于叙述，要在结尾点明事例蕴含的道理或启示，将个人体验升华为普遍价值，强化讲话的深度。

例如，在一场关于水利和湖泊工作的讲话中，我们可以说：“在参与河道清淤工作时，看着浑浊的河水逐渐清澈，沿岸生态慢慢恢复。这让我明白，我们每一份努力，都是在守护绿水青山，守护我们的家园。”（从工作经历中提炼出环保责任与使命）

又如，在一场关于政务服务和大数据管理工作的讲话中，我们可以说："我们曾经为解决群众办事烦琐的问题，连续数月优化系统流程。当听到群众说'现在办事太方便了'，我深刻体会到，数据多跑路，群众才能少跑腿，这就是我们工作的价值所在。"（将经历与工作理念结合，升华主题）

▶名人逸事

名人逸事具有广泛的认知度和权威性，合理引用能为讲话增添说服力和趣味性，借助名人的影响力，更易让听众接受观点。

其一，精准匹配，彰显观点。选择与讲话主题契合的名人逸事，确保事例能精准支撑观点。同时，对轶事进行精准解读，挖掘其中与主题相关的内涵。

例如，在一场关于为热爱矢志不渝的讲话中，我们可以说："阿加莎·克里斯蒂，她在第一次世界大战期间担任护士，经历了许多艰难困苦。但她始终坚持写作，即使在生活最困难的时候也没有放弃。她一生创作了大量的侦探小说，成为世界推理小说女王。她的故事告诉我们，只要有坚持和毅力，就能在自己热爱的领域取得成功。"（以阿加莎·克里斯蒂的经历精准匹配观点，增强说服力与感染力）

其二，创新角度，避免俗套。挖掘名人逸事不为人知或新颖的角度，避免使用过于常见的案例。从新视角解读，赋予事例新的意义，让听众耳目一新。

例如，在一场关于文化传承创新的讲话中，我们可以说："《哪吒之魔童闹海》以传统神话为蓝本，融入现代审美与叙事手法，票房口碑双丰收，彰显传统文化创新转化的无限可能。"（从动画电影创新改

编切入，体现文化传承新路径，以新颖视角解读经典题材）

其三，适度引用，把握分寸。名人逸事只是辅助，不可过度依赖，避免让讲话变成名人故事汇。引用时要简洁明了，服务于核心观点。

例如，在一场关于企业发展的讲话中，我们可以说："马化腾带领腾讯不断创新，从 QQ 到微信，始终以用户需求为导向，成就互联网巨头。"（简洁引用名人案例，紧扣企业创新导向，支撑核心观点）

又如，在一场关于科技创新的讲话中，我们可以说："华为突破芯片技术封锁，自主研发麒麟芯片，展现了中国科技企业迎难而上的创新勇气。"（简洁引用知名企业案例，凸显创新精神，精准契合主题）

▶社会热点

社会热点具有时效性强和关注度高的特点，引用社会热点事例能让讲话贴近现实，引发听众兴趣，体现讲话者对社会的关注和思考。

其一，紧跟潮流，贴合主题。及时关注当下热点事件，挑选与讲话主题紧密相关的内容。深入分析热点背后的本质，将其与讲话观点有机结合。

例如，在一场关于网络安全工作的讲话中，我们可以说："近期某知名平台用户信息泄露事件引发广泛关注。这警示我们，网络安全无小事，每一个漏洞都可能造成巨大损失，必须筑牢网络安全防线。"（以热点事件强调网络安全工作的紧迫性）

又如，在一场关于乡村振兴工作的讲话中，我们可以说："'村BA'的火爆出圈，展现了乡村文化的魅力和活力。我们推进乡村振兴，也要挖掘乡村特色文化，激发乡村发展内生动力。"（借热点现象阐述

乡村振兴工作思路）

其二，理性分析，展现深度。对社会热点不能仅停留在表面描述，要进行理性分析，从多个角度解读，展现讲话者的思考深度和专业素养。

例如，在一场关于教育改革工作的讲话中，我们可以说："'双减'政策实施以来，引发了社会各界的讨论。这不仅是对学生课业负担的调整，更是教育理念的转变，要求我们更加注重学生的全面发展和综合素质培养。"（深入剖析热点政策，体现对教育改革的思考）

又如，在一场关于科技创新工作的讲话中，我们可以说："人工智能技术的快速发展，既带来了机遇，也引发了对伦理问题的担忧。我们推动科技创新，要在发展中规范，在规范中创新，实现科技向善。"（辩证分析热点技术，展现全面视角）

其三，巧妙关联，引发共鸣。将社会热点与听众的生活、工作、情感相联系，让听众感受到热点与自身息息相关，从而引发强烈共鸣。

例如，在一场关于社区治理工作的讲话中，我们可以说："前段时间某小区物业与业主的矛盾事件备受关注。这提醒我们，社区治理关乎每一位居民的生活品质，只有倾听群众声音，凝聚各方力量，才能打造和谐美好的社区家园。"（将热点与社区治理工作结合，引发听众认同）

又如，在一场关于就业工作的讲话中，我们可以说："当前就业市场的变化是大家普遍关心的热点。无论是企业招聘还是个人求职，都要适应新趋势，提升自身竞争力，才能在就业浪潮中站稳脚跟。"（关联热点与就业实际，引起听众关注）

33

引用诗词名句

发言讲话中恰当引用诗词名句，既能彰显文化底蕴，又能增强表达感染力。掌握引用技巧，可让讲话更有深度与温度。

▶根据讲话主题精准匹配诗词

讲话前，需明确主题，再挑选与之契合的诗词。

其一，紧扣业务核心点明工作宗旨。围绕部门核心职能，选取能体现职责使命与价值追求的诗词，让听众快速理解工作意义。

例如，在一场关于民政工作的讲话中，我们可以说："'民惟邦本，本固邦宁。'民政工作关系民生、连着民心，我们要始终把群众安危冷暖放在心上，兜住兜准兜牢民生底线。"（以古语直陈民政工作的核心价值，点明服务群众、稳定社会的宗旨）

又如，在一场关于财政工作的讲话中，我们可以说："'理财正辞，禁民为非曰义。'财政工作既要科学统筹资金，也要严守纪律红线，以精准施策为经济社会发展保驾护航。"（引用经典阐明财政工作的规范与责任，突出政策与纪律属性）

其二，关联行业特性展现工作方向。结合部门业务特点，用诗词展现工作目标与发展路径，增强专业性与说服力。

例如，在一场关于商务局工作的讲话中，我们可以说："'万商落日船交尾，一市春风酒并垆。'商务局要当好'店小二'，优化营商环境，激发市场活力，让城市商业如春风化雨般繁荣兴旺。"（通过诗句描绘商业盛景，点明优化服务、促进繁荣的工作方向）

又如，在一场关于人社局工作的讲话中，我们可以说："'致天下之治者在人才。'人社部门肩负着人才培育、就业保障的重任，要搭建好平台，让人才引得进、留得住、干得好。"（引用古语强调人才战略，突出部门在人才工作中的关键作用）

其三，聚焦发展愿景凝聚行动共识。针对部门规划与目标，选用激励性、前瞻性的诗词，激发听众使命感。

例如，在一场关于发改部门工作的讲话中，我们可以说："'不谋全局者，不足谋一域。'发改部门要立足长远，科学谋划，以宏观视野和战略思维，推动经济社会高质量发展。"（借古训强调统筹规划，明确发改局在全局发展中的引领作用）

又如，在一场关于文化和旅游工作的讲话中，我们可以说："'江山留胜迹，我辈复登临。'文旅工作者要守护文化根脉，创新旅游体验，让历史与现代交融，让文化与旅游共生。"（以诗句传递传承与创新使命，点明文旅融合的工作思路）

▶结合讲话情感巧妙运用诗词

情感是讲话的灵魂，借助诗词可更好地传递情感。

其一，表达激昂奋进情感时。借助展现豪情壮志、勇往直前的诗词，激发昂扬斗志。

例如，在一场鼓励干部积极进取的讲话中，我们可以说："'长风破浪会有时，直挂云帆济沧海。'同志们，前方或许充满挑战，但只要我们坚定信念，勇往直前，就一定能冲破艰难险阻，驶向成功的彼岸。让我们携手共进，在新时代的浪潮中奋勇前行！"（以李白诗句点燃激情，将抽象信念具象化为破浪前行的画面，增强感染力）

又如，在一场动员大会讲话中，我们可以说："'会当凌绝顶，一览众山小。'此刻，我们正站在新的起点，面临新的机遇与挑战。我们要有勇攀高峰的决心和勇气，不断突破自我，以昂扬的斗志和饱满的热情，开创工作新局面，去领略那'无限风光在险峰'的壮丽景象！"（借杜甫诗句营造攀登意境，用"无限风光"强化奋斗的吸引力与成就感）

其二，表达深沉关怀情感时。引用体现关爱民生、体恤他人的诗句，传递温暖情意。

例如，在一场慰问受灾群众的讲话中，我们可以说："'安得广厦千万间，大庇天下寒士俱欢颜。'这是千年前的期盼，也是我们今天奋斗的目标。每一个人都值得被温柔以待，我们会尽最大努力，为大家解决住房、生活等难题，让温暖覆盖到每个角落，让大家都能笑着面对生活。"（引用杜甫诗句传递责任担当，从历史情怀出发，强化关怀的使命感）

又如，在一场关心老干部的讲话中，我们可以说："'老吾老，以及人之老。'老干部们为国家和社会奉献了一生，如今他们年事已高，我们理应给予他们更多的关心和照顾，让他们安享晚年，感受到组织的温暖与关怀。"（引用孟子名言引发共情，从道德伦理层面强调关怀老干部的必要性）

其三，表达坚定信念情感时。选取彰显坚韧不拔、矢志不渝的诗词，强化信念力量。

例如，在一场关于坚守初心使命的讲话中，我们可以说："'千磨万击还坚劲，任尔东西南北风。'在实现中华民族伟大复兴的征程中，我们会面临各种困难与诱惑，但作为党员干部，我们要像那扎根岩石的翠竹一般，坚定自己的初心与使命，无论遭遇何种艰难，都毫不动摇。只有坚守信念，我们才能在这条充满挑战的道路上稳步前行。"（借郑燮诗句以竹喻人，将抽象信念转化为具象的坚韧形象，增强说服力）

又如，在一场关于应对工作困难的研讨会上，我们可以说："'咬定青山不放松，立根原在破岩中。'同志们，当前我们的工作遇到了不少难题，但只要我们坚定攻克难关的信念，紧紧围绕目标，不放弃、不退缩，就一定能找到解决问题的办法，战胜眼前的困难，推动工作顺利开展。"（用诗句强化目标导向，通过"咬定""立根"等词突出坚持的力量）

▶ 依据讲话场景灵活嵌入诗词

不同讲话场景，需选择合适诗词，让其融入自然。

其一，在正式庄重会议场景时。选用蕴含哲理、强调规划或总结的诗句，增加讲话分量。

例如，在一场重要政策发布会议讲话中，我们可以说："'凡事豫则立，不豫则废。'此次发布的政策，是经过充分调研、精心谋划的。它将为我们的工作指明方向，只要我们认真贯彻落实，就一定能推动各项事业稳步前行。"（以《礼记》中的古语凸显政策制定的严谨性，提升政策权威性）

又如，在一场工作总结会议讲话中，我们可以说："'以史为鉴，可以知兴替。'回顾过去一年的工作，我们有成绩也有不足。从这些经验教训中，我们要汲取智慧，为未来的工作提供借鉴，让我们在前行的道路上走得更稳、更远。"（借李世民名言构建历史与现实的关联，为总结与规划赋予厚重感）

其二，在轻松交流活动场景时。选择富有生活气息、体现情谊或哲理的诗句，增添亲切感。

例如，在一场团建活动讲话中，我们可以说："'海内存知己，天涯若比邻。'今天，我们因为工作相聚在此，成为志同道合的伙伴。希望在今后的日子里，大家能像亲密的朋友一样，相互支持，相互帮助，让我们的团队更具凝聚力和战斗力。"（借王勃诗句打破距离感，以友情为纽带拉近团队成员关系）

又如，在一场文化交流活动讲话中，我们可以说："'问渠那得清如许？为有源头活水来。'文化的传承与发展离不开交流与创新。希望通过今天的活动，大家能相互学习，碰撞出思想的火花，为我们的文化事业注入新的活力。"（用朱熹诗句隐喻文化交流意义，将活动目标转化为生动的哲理表达）

其三，在表彰激励活动场景时。运用表达奋斗收获、励志向上的诗句，发挥鼓舞作用。

例如，在一场先进个人表彰大会讲话中，我们可以说："'宝剑锋从磨砺出，梅花香自苦寒来。'今天受表彰的同志，正是凭借着日复一日的坚守与拼搏，才取得了优异成绩。希望大家以他们为榜样，在各自岗位上刻苦钻研、砥砺前行，用奋斗书写属于自己的精彩篇章。"（借古语强调奋斗价值，以榜样力量激发听众进取意识）

又如，在一场青年干部成长分享会讲话中，我们可以说："'千淘万漉虽辛苦，吹尽狂沙始到金。'成长之路难免充满艰辛与挑战，但只要大家保持耐心与毅力，不断磨砺自己，终将收获成功的喜悦，成为推动事业发展的中流砥柱。"（引刘禹锡诗句描绘成长历程，用"始到金"的结果激励青年坚持奋斗）

34

变换语言风格

语言风格是发言讲话的外衣，不同的风格能展现出不同的魅力。在讲话中，灵活变换语言风格可以适应不同的场合和听众，让我们的讲话更加丰富多彩。

▶巧用口语表达

口语化表达能够让讲话更加接地气，拉近与听众的距离。

其一，运用日常俗语短句。日常俗语是人们在生活中常用的表达，简单短句便于听众快速理解和接受。

例如，在关于社区服务的讲话中，我们可以说："咱社区的服务就像家里的大管家，有啥问题，甭管是水管漏水，还是门锁坏了，都能帮忙解决，服务贴心又到位，让大伙住得安心又舒心。"（运用日常俗语和简单短句，生动形象地展现社区服务功能，让听众感同身受）

又如，在一场关于健康生活的讲话中，我们可以说："健康生活没那么多弯弯绕绕，就是管住嘴、迈开腿。别总吃那些油炸、甜腻的东西，没事多出去走走、运动运动，身体自然就棒棒的。"（借助口语化表达，把健康生活理念简单明了地传达给听众）

其二，模拟交流互动语气。把讲话当作与听众面对面的交流，通过提问、感叹等方式，营造互动氛围。

例如，在一场关于环保的讲话中，我们可以说："大家想想，要是我们的河流都被污染了，到处都是垃圾，以后我们的孩子还能去哪儿玩耍？所以，环保这件事，真的刻不容缓啊！"（通过提问和感叹，引发听众共鸣，增强讲话感染力）

又如，在一场关于职业规划的讲话中，我们可以说："你们说，谁不想在工作中干出一番成绩？那我们就得提前规划好，一步一个脚印往前走，向着目标努力拼搏！"（模拟交流语气，让听众更易接受职业规划理念）

▶巧用专业术语

将专业术语深入浅出、生动形象地融入讲话，既能体现专业性，又能让听众理解关键内容。

其一，通俗解释专业术语。遇到专业词汇时，用简单易懂的语言进行解释，确保听众能够理解核心含义。

例如，在一场关于产业数字化转型的讲话中，我们可以说："什么是产业数字化转型？简单来说，就是给传统产业装上'数字大脑'，就像给老汽车换上智能导航系统，让生产、管理、销售等各个环节更智能、更高效。"（将专业概念类比为生活场景，便于听众理解）

又如，在一场关于防范金融风险的讲话中，我们可以说："金融风险中的'系统性风险'，就好比是整个金融体系里的'多米诺骨牌'，一旦有一块倒下，就可能引发连锁反应，造成全局性的危机。"（用形象比喻解释专业术语，降低理解难度）

其二，结合案例阐释专业内容。通过实际案例，将专业知识融入其中，让听众在具体情境中掌握要点。

例如，在一场关于科技创新的讲话中，我们可以说："就像新能源汽车的发展，从最初续航短、充电难，到如今技术突破，续航里程大幅提升，这背后，是电池技术、智能网联等专业领域不断创新的成果。"（借助熟悉案例，展现专业知识的实际应用）

又如，在一场关于市场监管的讲话中，我们可以说："之前查处的某企业虚假宣传案，就是违反了相关法律规定。企业夸大产品功效，误导消费者，这就是典型的市场违规行为，必须依法处理。"（用具体案例说明专业法规的实际意义）

35

巧用流行语句

流行语句是时代的声音，它们带着时代的气息和潮流的热度。在发言讲话中巧用流行语句，能让我们的讲话与时俱进，与听众产生强烈的共鸣。

▶网络热词

适时引用网络热词，能让讲话更具时代感。

其一，增加幽默。选取贴合语境的热词，以诙谐口吻调侃，引发听众会心一笑。

例如，在一场关于工作压力调节的讲话中，我们可以说："最近大家工作压力都挺大的，一个个感觉都快被任务'压垮'，像被'封印'了似的没了活力。不过咱可不能就这样'emo'下去呀，得学会给自己'松松绑'，偶尔来个'摸鱼'式放松，调整好了再'满血复活'，继续和工作'死磕'，把那些难题都一一拿下，大家说是不是这个理儿呀。"（借"emo""摸鱼"等热词，生动描述状态并提出解决办法，增强讲话感染力）

其二，强调观点。用热词精准概括问题，形成鲜明对比，强化观点的冲击力。

例如，在一场关于干部担当作为的讲话中，我们可以说："有些干部遇到难题就想着‘甩锅’，不愿意主动去承担责任，这可不符合咱们对干部的要求啊。咱们干部就得有‘顶上去’的觉悟，遇到事儿不能退缩，要敢于‘啃硬骨头’，这样才能真正为群众办实事、解难题，赢得群众的认可。”（以“甩锅”“退缩”和“顶上去”等热词对照，清晰点明干部担当要求，突出重点）

▶影视台词

一些经典的影视台词也可以巧妙地运用到讲话中。

其一，激励人心。挑选积极向上的经典台词，结合场景阐释，激发听众奋斗动力。

例如，在一场关于团队奋斗的讲话中，我们可以引用电视剧《士兵突击》中的台词“不抛弃，不放弃”：“我们的团队就像一支战斗的队伍，在面对各种困难和挑战时，要像许三多他们一样，‘不抛弃’任何一个成员，‘不放弃’任何一个机会。只要我们团结一心，坚持到底，就没有克服不了的困难，没有完成不了的任务。”（引用经典台词，结合团队场景阐释，赋予其现实意义，激发团队奋斗动力）

其二，引发共鸣。依据听众情感需求，引用契合场景台词，唤起共同情感体验与价值认同。

例如，在一场关于梦想追求的分享会上，我们可以引用电影《当幸福来敲门》中的台词：“You got a dream，you gotta protect it.（如果你有梦想，就要守护它）”然后说：“怀揣梦想的我们，既然选择了远方，就不能虚度光阴，要努力活出精彩，让梦想绽放光芒。”（用电影台词对应梦想追求，紧扣场景解读，激发听众对实现梦想的价值认同）

▶歌曲歌词

歌词往往富有感染力，可以用歌词来表达自己的情感或观点。

其一，表达情感。依据讲话情感基调，选取相应歌词，真挚抒发内心情感，拉近距离。

例如，在一场关于同事间情谊的讲话中，我们可以说："在工作中，我们一起经历了许多风风雨雨，这些时光将成为我们人生中最宝贵的财富。就像歌中所唱的，'朋友一生一起走'，我们是同事，更是朋友。希望我们在未来的日子里，依然能够携手共进，相互扶持，把这份情谊一直延续下去。无论遇到什么困难，都能想起我们一起走过的那些美好时光，都能感受到彼此的温暖和力量。"（借歌词抒发同事情谊，贴合情感基调，以真挚情感拉近与听众的距离）

其二，传递理念。借歌词传递理念，深度解读并升华，引导听众认同价值观。

例如，在一场关于奋斗与坚持的励志演讲中，我们可以说："我们每个人都有自己的梦想，都渴望实现自己的人生价值。但是，梦想的实现不是一蹴而就的，需要我们付出不懈的努力和坚持。就像张雨生在歌中所唱的那样，'我的未来不是梦，我认真地过每一分钟'。每一分钟的努力，每一次的坚持，都在让我们离梦想更近一步。无论前方的道路多么崎岖，无论遇到多少困难和挫折，我们都要坚信，只要我们认真对待每一分钟，努力奋斗，我们的未来就不是梦！"（以歌词诠释奋斗，结合梦想主题，激励听众为实现梦想积极奋斗）

36

制造语言韵律

富有韵律的语言就像一首美妙的乐章，能让听众在聆听中感受节奏之美，沉浸于讲话的精彩内容。在发言讲话中制造语言韵律，能够极大地提升语言趣味。

▶ 运用对偶增添节奏

对偶能使语句在形式和意义上相互映衬，为讲话增添节奏感与表现力。

其一，内容相关对偶。在构建这类对偶时，需确保前后两句所阐述的内容紧密关联，从不同角度对同一主题或相关主题进行阐释。

例如，在一场关于乡村振兴工作的讲话中，我们可以说："产业兴旺促发展，生态宜居美乡村。推动乡村产业升级，让农民的钱包鼓起来；加强乡村生态建设，让乡村的环境美起来。"（前句聚焦产业发展，后句着眼生态环境，从两个关键方面阐述乡村振兴，内容相辅相成，紧扣主题）

又如，在一场关于城市建设规划的讲话中，我们可以说："完善交通畅出行，优化环境提品质。合理布局道路网络，让城市的脉络更通畅；增加绿化美化空间，让城市的颜值再提升。"（分别从交通出行和环境品质提升两个角度，阐述城市建设规划要点，内容关联紧密，为城市发展提供清晰思路）

其二，结构相似对偶。构造此类对偶时，要使前后句在语法结构上保持一致，比如都是主谓宾结构或者偏正结构等。

例如，在一场关于廉政建设的讲话中，我们可以说："权力面前常自省，利益面前多自律。时刻牢记权力是人民赋予的，谨慎用权；时刻警惕利益的诱惑，坚守底线。"（前后句皆为"状语 + 谓语"结构，结构整齐，强调在权力和利益面前应有的态度与行为）

又如，在一场关于文化传承与创新的讲话中，我们可以说："传承经典守根本，创新形式焕活力。深入挖掘传统文化内涵，守护精神家园；积极探索新颖传播方式，展现文化魅力。"（两句均为动宾结构，前半句强调传承经典的重要性，后半句突出创新形式的作用，结构一致，表意明确）

其三，平仄协调对偶。汉语发音有平仄之分，平声发音舒缓，仄声发音较为短促有力。在运用平仄协调对偶时，应遵循一定的平仄规律，通常是仄起平收。

例如，在一场关于作风建设的讲话中，我们可以说："清正廉洁树形象（仄），务实担当促发展（平）。"（"象"为仄声，"展"为平声，发音舒缓，使句子节奏平稳，读来朗朗上口）

又如，在一场关于乡村基层治理的讲话中，我们可以说："民主协商聚民意（仄），依规治理保民安（平）。"（"意"为仄声，"安"为平声，使全句韵律和谐，富有节奏感）

▶运用押韵强化韵律

押韵能让讲话读起来朗朗上口，增强语言的感染力和记忆点。

其一，句末押韵。在组织讲话内容时，有意识地让每句话的最后一个字韵母相同或相近。

例如，在一场关于环保行动的讲话中，我们可以说："绿色发展记心间（押'an'韵），生态保护重如山（押'an'韵）。齐心协力加油干（押'an'韵），美丽家园永流传（押'an'韵）。"（借助"an"韵，将环保理念、行动与愿景串联，富有感染力，激发听众对环保行动的热情）

其二，隔句押韵。不必句句押韵，可采用隔句押韵的方式，让讲话在保持韵律感的同时，避免过于刻意和呆板。

例如，在一场科技创新动员讲话中，我们可以说："科技浪潮正翻卷（押'an'韵），创新驱动勇争先（押'an'韵）。人才汇聚添活力（不押韵），成果丰硕谱新篇（押'an'韵）。"（"卷""先""篇"押韵，使段落富有韵律变化，突出科技创新的重要性与前景）

其三，句中押韵。在句子中间部分安排押韵字词，让讲话韵律感更具变化。

例如，在一场关于创新发展的讲话中，我们可以说："创新驱动展宏图，科技引领破难题（押'i'韵），理念更新促发展，成果丰硕创佳绩（押'i'韵）。"（"题""绩"押韵，于句中增添韵律，强调创新发展中的关键要素与成果）

▶运用反复突出重点

反复能强调关键内容，加深听众印象，使讲话更具感染力和号召力。

其一，词语反复。为了突出某个重要概念或词语，在讲话中多次重复使用。

例如，在一场关于安全生产的讲话中，我们可以说："安全，是生产的前提；安全，是企业的生命；安全，是员工的保障。我们必须把安全意识贯穿于生产的每一个环节，落实每一项安全措施，排查每一处安全隐患，确保生产安全无事故。"（多次强调"安全"，突出其在生产中的核心地位，强化听众对安全生产的重视）

又如，在一场关于学习型组织建设的讲话中，我们可以说："学习，是进步的阶梯；学习，是成长的途径；学习，是发展的动力。我们要营造浓厚的学习氛围，鼓励大家持续学习、终身学习，在学习中提升自我，在学习中推动工作。"（不断重复"学习"，凸显学习对个人与组织发展的重要意义，激励听众重视学习）

其二，句子反复。选取具有关键意义或能体现核心观点的句子，在讲话不同位置重复。

例如，在一场关于党员服务群众的讲话中，我们可以说："我们要时刻牢记为人民服务的宗旨，深入群众，了解群众需求；我们要时刻牢记为人民服务的宗旨，积极作为，解决群众困难；我们要时刻牢记为人民服务的宗旨，不断提升服务质量，让群众满意。"（反复强调"为人民服务的宗旨"，强化党员的服务意识与责任担当）

又如，在一场关于干部担当的讲话中，我们可以说："面对困难，我们要有担当精神，勇于冲锋在前；面对挑战，我们要有担当精神，敢于攻坚克难；面对责任，我们要有担当精神，绝不推诿退缩。"（通过重复"要有担当精神"，突出干部在不同情境下应具备的担当品质）

37

活用数字量化

数字作为极具表现力的工具，若能巧妙量化运用，既能让观点掷地有声，又能为严肃表达注入鲜活趣味，成为抓住听众注意力的关键“武器”。

▶巧用对比数字，增强说服力

在讲话中，将相关数据进行对比，能让听众更直观地感受到差距与变化，从而强化观点。通过对比，抽象的概念变得具体可感，使讲话内容更具说服力。

其一，纵向对比，呈现发展轨迹。把同一事物在不同时间节点的数据进行对比，清晰展现其发展脉络。这种方式能让听众直观看到事物的进步或变化，引发共鸣。

例如，在一场关于乡村振兴的讲话中，我们可以说：“过去五年，我们村人均年收入从8000元增长到20000元，实现了质的飞跃。”（用前后年份收入数据对比，直观呈现乡村经济发展成果，增强振兴成效说服力）

又如，在一场关于环保工作的讲话中，我们可以说：“三年前，河流污染指数高达80，如今降至20，降幅达75%，治理效果显著。”（通过河流污染指数的前后数值及降幅，量化环保成果，突出治理工作有

效性）

其二，横向对比，凸显优势差异。将不同事物在同一时间的数据进行对比，能突出自身优势或发现差距。在竞争场景或经验交流中，这种方式尤为有效。

例如，在一场经济工作的汇报中，我们可以说："甲区去年 GDP 增长 9%，而乙区仅增长 3%，甲区增速是乙区近 3 倍，发展势头明显更强劲。"（对比两区 GDP 增速数据，鲜明展现甲区经济发展优势，突出区域发展差异）

又如，在一场关于干部队伍建设的讲话中，可以说："甲单位年轻干部占比达 40%，而乙单位仅 20%，甲单位干部队伍的年轻化优势显著。"（以两单位年轻干部占比数据对比，凸显甲单位队伍结构优势，说明建设成效）

其三，目标对比，激发奋进动力。把实际数据与目标数据对比，能明确成果与不足，激发团队或听众的积极性。在工作动员或总结讲话中常用到。

例如，在一场项目推进会的讲话中，我们可以说："项目原定完成 80% 的工程量，目前仅完成 60%，进度落后 20%，接下来必须加快步伐。"（将项目实际与原定工程量对比，明确进度差距，用数据激发加快推进的紧迫感）

又如，在一场教育工作会的讲话中，我们可以说："计划学生升学率达到 90%，但目前只有 80%，还差 10 个百分点，我们要查漏补缺，全力冲刺。"（对比教育计划与实际升学率数据，指出目标缺口，激励查漏补缺提升成绩）

▶提炼关键数字，突出核心要点

在讲话时，提炼关键数字概括核心内容，能让听众快速抓住重点，使讲话逻辑清晰、层次分明。关键数字就像“记忆锚点”，帮助听众更好地理解和记住讲话内容。

其一，用数字归纳措施。将工作方法或解决方案用数字概括，简洁明了。在经验分享或工作指导讲话中，能让听众快速掌握要领。

例如，在一场关于基层治理的经验交流中，我们可以说：“做好基层工作，记住三个‘一’：一本民情账、一颗为民心、一套沟通术。”（用三个“一”概括基层工作要点，简洁凝练，便于听众记忆和掌握工作方法）

又如，在一场安全生产培训的讲话中，我们可以说：“预防安全事故，要做到‘三查’：查隐患、查制度、查落实。”（以“三查”归纳安全事故预防措施，条理清晰，利于听众快速把握工作重点）

其二，用数字总结成果。用数字概括工作成果，直观且有冲击力。在汇报或总结讲话中，能有效展示工作成效。

例如，在一场关于科技创新成果的汇报中，我们可以说：“过去一年，我们研发出 3 项核心技术，申请了 10 项专利。”（用具体研发技术和专利数量，量化科技创新成果，直观展示工作实际成效）

又如，在一场关于文化建设成果的汇报中，我们可以说：“本季度，我们组织了 5 场大型文化活动，参与群众超过 2000 人次。”（以活动场次和参与人次数据，体现文化建设成果，增强汇报内容说服力）

其三，用数字设定框架。以数字划分讲话板块，构建清晰的逻辑结构。在长篇讲话中，能让听众跟上思路。

例如，在一场理论宣讲中，我们可以说：“今天我从三个方面解读政策：一是政策背景，二是核心内容，三是实施意义。”（以“三个方面”划分宣讲框架，逻辑清晰，帮助听众跟上政策解读思路）

又如，在一场发展规划报告中，我们可以说：“未来五年，我们围绕‘两提升一突破’：提升产业竞争力、提升民生保障水平、实现科技创新突破。”（围绕“两提升一突破”设定规划，明确发展方向，构建清晰的未来工作框架）

▶创新数字表达，增添语言趣味

打破常规数字使用方式，采用创新表达，能让数字鲜活起来，为讲话增添趣味性，让听众印象深刻。

其一，谐音化用数字。利用数字谐音赋予新含义，生动有趣。在轻松场合或宣传类讲话中，能活跃气氛。

例如，在一场关于创业鼓励的讲话中，我们可以说：“创业路上，记住168（谐音‘一路发’），坚持下去就有收获。”（利用“168”谐音“一路发”，增添创业鼓励话语趣味性，增强听众信心）

其二，故事融入数字。将数字嵌入故事中，通过故事传递信息，增强感染力。在思想教育或经验分享讲话中，能引发听众情感共鸣。

例如，在一场关于励志分享的讲话中，我们可以说：“他用3年时间，跑了50座城市，终于找到创业方向。”（用“3年”“50座城市”串联创业故事，量化经历凸显坚持精神，激发听众斗志）

其三，比喻关联数字。把数字与熟悉的事物作比喻，便于听众理解记忆。在科普或知识讲解类讲话中，效果显著。

例如，在一场关于人才培养的讲话中，我们可以说："培养10名优秀人才，就如同为单位打造10把'金钥匙'，能开启发展的新大门。"（将优秀人才比作"金钥匙"，形象说明人才价值，便于听众理解人才培养意义）

又如，在一场关于金融知识普及的讲话中，我们可以说："投资就像建房子，每月存500元，10年后就能搭建起自己的'财富大厦'。"（把每月存钱投资比喻成建"财富大厦"，化抽象为具体，助听众理解投资概念）

38

巧设讲话悬念

悬念就像一个神秘的钩子，能紧紧抓住听众的心，让他们迫不及待地想听下去。在发言讲话中巧设讲话悬念，可以极大地增强讲话的吸引力和感染力。

▶设问引导，激发好奇

通过抛出疑问，引发听众思考，勾起他们对答案的渴望，从而设置悬念。

其一，开放式设问。提出没有明确答案、需深入探讨的问题，调动听众参与感与好奇心。

例如，在一场关于政法工作的讲话中，我们可以说："在复杂多变的社会环境下，怎样筑牢维护社会稳定的铜墙铁壁？"（开放式提问激发听众对政法工作举措的探究欲）

其二，矛盾式设问。提出看似矛盾的问题，打破听众固有认知，制造悬念。

例如，在一场关于社会工作的讲话中，我们可以说："资源有限，需求无限，社会工作部如何实现服务效能的最大化？"（矛盾冲突引发听众对工作策略的好奇）

其三，假设式设问。通过假设情境，让听众代入思考，产生对后续发展的期待。

例如，在一场关于财政工作的讲话中，我们可以说："如果财政收支失衡加剧，怎样运用财政手段促进实现平衡？"（假设问题勾起听众对财政解决办法的关注）

▶数据铺垫，制造疑惑

借助数据的神秘性与反差感，引发听众探究数据背后意义的兴趣。

其一，关键数据隐藏。先展示部分数据，隐藏关键信息，激发听众求知欲。

例如，在一场关于招商服务工作的讲话中，我们可以说："去年招商项目数量增长了30%，但实际落地率却让人意外，这背后藏着什么秘密？"（隐藏落地率具体数据，引发听众好奇）

其二，异常数据呈现。抛出与常理相悖的数据，引发听众疑惑。

例如，在一场关于企业发展的讲话中，我们可以说："行业整体产能过剩，却有一家企业订单量逆势增长200%，它是如何做到的？"（异常数据制造悬念，吸引听众探寻原因）

其三，对比数据留白。给出两组对比数据，不揭示关联，让听众猜测。

例如，在一场关于公积金中心工作的讲话中，我们可以说："缴存人数逐年增加，提取使用率却波动剧烈，这两者之间存在怎样的联系？"（数据对比留白，激发听众思考兴趣）

▶故事留白，引人入胜

讲述故事时保留关键情节或结局，促使听众迫切想知道后续发展。

其一，开头设悬。故事开篇就抛出悬念，让听众带着疑问听下去。

例如，在一场关于统计局工作的讲话中，我们可以说："一次常规的统计调查，却意外揭开了一个隐藏多年的经济秘密，这究竟是怎样的发现？"（开头设悬念，引发听众对统计工作故事的好奇）

又如，在一场关于气象局工作的讲话中，我们可以说："一个看似平常的气象监测数据，却让整个预警系统拉响警报，背后发生了什么？"（以悬念开头吸引听众了解气象工作故事）

其二，中间断悬。故事讲述到关键处暂停，吊起听众胃口。

例如，在一场关于烟草专卖局工作的讲话中，我们可以说："稽查人员追踪线索多日，终于锁定了一个神秘仓库，当他们打开仓库大门的那一刻，眼前的景象让所有人震惊，那里面究竟有什么？"（故事中间设悬念，引发听众对稽查结果的好奇）

又如，在一场关于公安局工作的讲话中，我们可以说："民警在追踪嫌疑人的过程中，突然收到一条神秘短信，这条短信会带来怎样的转机？"（中断故事设置悬念，吸引听众关注案件发展）

39

运用对比反差

对比反差是一种强有力的表现手法，通过对比能让事物的特点更加鲜明，给听众留下深刻的印象。在发言讲话中合理运用对比反差，可以使我们的观点更加突出。

▶大小对比

大小对比是通过将宏观概念与微观细节、整体规模与个体案例、重大意义与微小行动等进行对比，以大见小或由小及大，帮助听众更立体地理解事物本质。

其一，宏观与微观的呼应。将宏观政策、战略规划等大概念与具体工作细节、个体故事相结合，用微观视角诠释宏大主题。

例如，在一场关于法治建设的讲话中，我们可以说："法治中国建设是宏大的国家战略，落实到基层司法工作中，就是要让每一个调解案例都成为公平正义的缩影。一次耐心的邻里纠纷调解，看似微不足道，却承载着法治社会的基石。"（通过"国家战略"与"邻里调解"的对比，将宏观法治理念转化为具体可感的工作目标）

又如，在一场关于退役军人保障工作的讲话中，我们可以说："退役军人保障体系是维护国防安全的重要后盾，而我们日常处理的每一份优待申请、每一次就业帮扶，都是这个体系中不可或缺的零件。看似平凡的工作，实则在为千万退役军人筑起温暖的港湾。”（通过“保障体系”与“日常工作”的对比，凸显个体工作对整体战略的支撑作用）

其二，整体与个体的映照。把地区、行业的整体发展成果与具体个人、单位的贡献相对比，既展现宏观成就，又突出个体价值。

例如，在一场关于城市交通建设的讲话中，我们可以说：“全市交通网络建设日新月异，高速公路里程突破千公里，但这辉煌成就背后，是无数筑路工人在烈日下铺设的每一块沥青，是交通执法人员深夜坚守的每一个路口。”（通过“全市成果”与“个人付出”的对比，强调集体成就源于个体奉献）

又如，在一场关于城市规划工作的讲话中，我们可以说：“城市规划关乎千万人的生活品质，从新区开发的宏伟蓝图，到社区公园的一株绿植选择，每一个环节都凝聚着规划者的智慧。我们绘制的不仅是城市版图，更是百姓的幸福生活。”（通过“城市规划”与“绿植选择”的对比，体现规划工作的系统性与细致性）

其三，意义与行动的对照。将工作的重大意义与具体实施行动对比，让听众清晰认识到每一个微小行动背后蕴含的深远价值。

例如，在一场关于乡村振兴的讲话中，我们可以说：“乡村振兴战略关乎国家粮食安全与民族复兴，但落实到田间地头，就是农民伯伯播种的每一粒种子，农技人员推广的每一项新技术。平凡的劳作，正书写着伟大的时代篇章。”（通过“战略意义”与“日常劳作”的对比，凸显基层工作的重要性）

又如，在一场关于安全生产工作的讲话中，我们可以说：“守护人民群众生命财产安全是沉甸甸的责任，而这份责任的落实，体现在每一次隐患排查、每一场应急演练中。看似重复的工作，却是筑牢安全防线的关键。”（通过“重大责任”与“日常工作”的对比，强化安全工作的必要性）

▶新旧对比

新旧对比是通过展现事物过去与现在的差异，凸显发展变化，增强听众对工作成果的认同感，或引发对问题改进的紧迫感。这种对比能赋予讲话时间纵深感，让听众在历史与现实的交织中感受事物发展的脉络。

其一，工作模式的迭代升级。对比过去与现在的工作方式、技术手段，体现创新带来的效率提升与质量飞跃。

例如，在一场关于审计工作的讲话中，我们可以说：“过去，我们依靠人工翻阅账本，效率低且易出错；如今，大数据审计系统能瞬间筛查海量数据，精准定位问题。技术的革新，让审计工作从‘大海捞针’变为‘靶向定位’。”（通过“人工操作”与“大数据技术”的对比，突出科技赋能的重要性）

又如，在一场关于统计工作的讲话中，我们可以说：“以往统计数据靠逐级填报、手工汇总，周期长且误差大；现在，通过数字化平台实时采集、智能分析，数据时效性和准确性大幅提升。我们正从传统统计迈向智慧统计新时代。”（通过“传统方式”与“数字化手段”对比，展现统计工作的转型成果）

其二，工作成果的今昔对照。用过去的困难、不足与当前的成绩对比，直观呈现工作进展。

例如，在一场关于市场监管工作的讲话中，我们可以说："曾经，假冒伪劣商品充斥市场，消费者维权困难；如今，通过严格监管和信用体系建设，市场秩序焕然一新，群众买得放心、用得安心。这是我们持续奋斗的成果。"（通过"过去乱象"与"当前成效"的对比，彰显监管工作的价值）

又如，在一场关于生态环境保护工作的讲话中，我们可以说："几年前，雾霾笼罩城市，河水污浊不堪；如今，蓝天白云成为常态，清水绿岸随处可见。环境的蜕变，见证了我们打赢污染防治攻坚战的决心与行动。"（通过"环境问题"与"治理成果"的对比，展现生态保护工作的显著成效）

其三，理念认知的更新转变。对比过去与现在的工作理念、思想认知，体现观念的进步。

例如，在一场关于城市建设工作的讲话中，我们可以说："过去，城市建设重规模轻品质，高楼林立却缺乏温度；现在，我们践行'人民城市人民建'理念，从'有没有'转向'好不好'，让城市更宜居、更有烟火气。"（通过"旧理念"与"新理念"的对比，强调建设思路的转变）

又如，在一场关于机构编制管理工作的讲话中，我们可以说："以往，机构编制管理强调'严控总量'，难免陷入被动；如今，我们树立'动态优化'理念，根据发展需求科学配置资源，让编制工作更好服务大局。"（通过"旧管理模式"与"新理念"的对比，体现编制工作的创新突破）

▶好坏对比

好坏对比通过呈现两种截然相反的状态、结果或行为，强化听众对正确做法的认同、对错误倾向的警惕，增强讲话的警示性和引导性。这种对比能让听众在鲜明的反差中明确价值取向，激发行动动力。

其一，工作作风的优劣对照。将积极与消极的工作态度、作风进行对比，弘扬正能量。

例如，在一场关于教师队伍建设的讲话中，我们可以说："优秀的党校教师潜心研究、严谨治学，用真理说服人、用真情感染人；而个别教师敷衍了事、照本宣科，不仅辜负学员期待，而且损害党校形象。我们要坚决弘扬优良学风，摒弃不良作风。"（通过"优秀作风"与"不良作风"的对比，树立行为标杆）

又如，在一场关于科研工作的讲话中，我们可以说："有的科研团队脚踏实地、攻坚克难，为产业发展提供核心技术支撑；有的却急功近利、弄虚作假，背离科研初心。我们要营造风清气正的科研环境，让实干者受尊重、投机者无市场。"（以"正面典型"与"反面案例"对比，强调科研道德的重要性）

其二，工作成效的正反呈现。对比不同做法带来的不同结果，凸显正确决策的重要性。

例如，在一场关于民生帮扶工作的讲话中，我们可以说："用心用情做好困难群众帮扶，就能让他们感受到社会温暖，重拾生活信心；若工作流于形式、敷衍塞责，就会寒了群众的心，损害政府公信力。民生工作容不得半点马虎。"（通过"积极成效"与"消极后果"的对比，强调工作责任）

又如，在一场关于就业创业工作的讲话中，我们可以说："落实就业创业政策精准到位，就能帮助无数人实现梦想、家庭摆脱困境；若政策执行打折扣、服务不到位，就会让群众失去机会。我们肩负的是

沉甸甸的民生责任。”（以“良好结果”与“不良影响”对比，突出工作的重要意义）

其三，价值选择的是非辨析。将正确与错误的价值取向相对比，引导听众树立正确观念。

例如，在一场关于商业发展的讲话中，我们可以说：“诚信经营的企业赢得市场口碑，实现长远发展；投机取巧、坑蒙拐骗的企业，虽一时获利，终将被市场淘汰。商业活动中，道德与法律的底线不可触碰。”（通过“正确选择”与“错误行为”对比，强调商业伦理）

又如，在一场关于文化保护工作的讲话中，我们可以说：“保护历史文化遗产、弘扬优秀传统文化，能让城市留住根脉、彰显魅力；而过度开发、破坏文物，就是对历史的背叛、对后代的不负责任。我们要当好文化传承的守护者。”（以“正确理念”与“错误做法”对比，强化文化保护意识）

40

制造意外转折

意外转折就像讲话中的一道闪电，能瞬间打破平静，给听众带来强烈的冲击和新鲜感。在发言讲话中巧妙地制造意外转折，可以让讲话更具戏剧性和吸引力。

▶观点转折

观点转折是指在讲话中打破常规思维，抛出与听众预期相悖的新颖观点，从而引发听众的思考与兴趣。通过颠覆常见认知，能迅速抓住听众注意力，为后续内容做铺垫。

其一，反向立论。在观点转折中，反向立论是一种极具冲击力的方式。它要求讲话者从与大众普遍认知相反的角度出发，提出独特见解。在阐述反向观点时，要条理清晰地给出支撑论据，让听众逐步接受这一意外转折。

例如，在一场关于融媒体中心工作的讲话中，我们可以说："大家常说融媒体发展要紧跟潮流，可我认为，有时停下脚步反思传统媒体的核心价值，反而能找到新的突破点。"（打破对融媒体一味求新的常规认知，以反向思考制造转折）

又如，在一场关于卫生健康工作的讲话中，我们可以说："强调疾病预防和治疗固然重要，但其实培养民众积极的生活心态，才是提升全民健康水平的关键根基。”（跳出常规医疗视角，从心理层面提出新观点，制造意外转折）

其二，升华立意。升华立意是将原本的观点提升到更高层次，赋予其更深刻的内涵。在讲话中，通过对话题的深入挖掘，从一个具体的现象或观点出发，延伸到更宏观、更有价值的层面，让听众产生恍然大悟之感。

例如，在一场关于城市管理执法工作的讲话中，我们可以说：“城市管理看似是处理占道经营、违章建筑这些小事，实则是在构建一座城市的文明秩序与人文温度。”（将具体工作上升到城市文明建设高度，实现观点转折）

又如，在一场关于医疗保障工作的讲话中，我们可以说：“医保不仅是保障群众病有所医，更是国家为人民编织的一张民生安全网，彰显社会公平与制度优势。”（从基础保障升华到社会公平与制度层面，制造观点转折）

▶故事反转

故事反转是在讲述故事的过程中，通过情节的突然转变，打破听众的心理预期，使故事产生强烈的戏剧效果，增强讲话的感染力和记忆点。

其一，结局颠覆。结局颠覆是在故事结尾处给出一个完全出乎听众意料的结果。在前期讲述故事时，通过精心设置情节和铺垫，引导听众形成某种心理预期，最后以反转结局打破这种预期，给听众留下深刻印象。

例如，在一场关于公共资源交易中心工作的讲话中，我们可以说："某次招标项目，一家看似实力雄厚的大企业一路领先，大家都以为它胜券在握，结果最后中标的竟是名不见经传却方案创新的小公司。"（用出人意料的中标结果制造故事反转）

又如，在一场关于公共检验检测工作的讲话中，我们可以说："一批被认定为质量合格的产品，在复检时竟发现存在重大安全隐患，背后原因令人深思。"（以复检结果的反转增强故事戏剧性）

其二，身份错位。身份错位是在故事中让人物的真实身份或角色与听众的初始认知产生巨大反差。通过这种方式，为故事增添意外性和趣味性，同时也能更好地服务于讲话主题。

例如，在一场关于医院工作的讲话中，我们可以说："有位患者总是刁难医护人员，后来才知道，他曾因医疗事故失去亲人，内心满是伤痛与不安。"（患者身份从"刁难者"转变为"受害者"，实现故事反转）

又如，在一场关于人才工作会议的讲话中，我们可以说："那个被大家忽视的实习生，凭借独特的创意和坚韧的毅力，为公司带来了重大项目突破，成为不可或缺的人才。"（以实习生身份的转变制造故事转折）

其三，因果倒置。因果倒置是先呈现结果，再揭示与听众常规认知不同的原因。这种方式能迅速引发听众的好奇心，让他们更专注于后续的讲述，同时也使故事更具吸引力。

例如，在一场关于优化营商环境工作的讲话中，我们可以说："某企业原本打算撤离本地，最后却加大投资扩产，原因竟是一次看似普

通的政企沟通座谈会。”（用反常的结果引发好奇，再揭示原因制造反转）

又如，在一场关于教育工作的讲话中，我们可以说：“成绩最差的班级，在毕业时却展现出最强的凝聚力和创造力，这源于老师独特的教育方式。”（通过结果与原因的反差制造故事转折）

▶措辞突变

措辞突变是通过语言风格、词汇运用的突然转变，打破听众的听觉惯性，营造出意外感，让讲话更具张力和表现力。

其一，语体反差。在讲话过程中，从正式严肃的语体突然切换到诙谐幽默、口语化的表达；或是反之，利用语体的强烈反差制造意外转折。通过这种方式，既能调节现场气氛，又能让听众对内容印象深刻。

例如，在一场关于法院工作的讲话中，我们可以说：“法律文书的严谨性容不得半点马虎，一个标点符号的错误都可能影响判决的公正性。这可不是跟大家开玩笑，就像炒菜盐放多了，整锅菜都毁了，法律文书错一个字，可能就让公平正义‘变了味’。”（从严肃阐述法律文书严谨性切换到生活化比喻，形成语体反差转折）

又如，在一场关于检察院工作的讲话中，我们可以说：“以往我们总是强调法律监督的严肃性和权威性，今天咱换个接地气的说法，检察院就像社会的‘免疫系统’，专门揪出那些破坏社会健康的‘坏细胞’。”（从正式表述转为生动比喻，制造措辞突变）

其二，词汇跳跃。运用跨度极大的词汇组合或突然引入与前文毫无关联的新奇词汇，形成语言上的跳跃感，吸引听众的注意力。这种方式能打破听众对讲话内容的常规预测，带来意外效果。

例如，在一场关于乡村振兴工作的讲话中，我们可以说："发展乡村特色产业，不能只是闷头种地、搞养殖。我们要让农产品'触网'冲浪，搭乘电商快车，实现从'土疙瘩'到'金元宝'的华丽变身。"（"触网""金元宝"等词汇的突然引入，制造词汇跳跃转折）

其三，语气急转。在讲话时，通过语气的突然转变，如从舒缓平和瞬间变得激昂高亢，或者从坚定有力转为委婉柔和，制造情绪上的意外转折，以此增强语言的感染力和表现力，更好地传递讲话者的意图。

例如，在一场关于应急管理工作的讲话中，我们可以说："平日里，应急演练看似只是按部就班的流程操作，大家可能觉得有些枯燥。（语气突然加重）但当灾难真正来临的时候，这些演练就是能救命的'法宝'！每一次认真对待，都是对生命的敬畏！"（语气从平淡叙述转为激昂强调，形成转折）

又如，在一场关于社区服务工作的讲话中，我们可以说："社区工作看似琐碎繁杂，处理的都是家长里短的小事。（语气放缓，变得温和）可正是这些'小事'，承载着居民对美好生活的期盼，是我们肩上沉甸甸的责任啊！"（语气变化带来情感转折）

[五]

应对突发状况

41

时间缩短

在发言讲话的过程中，有时候会面临突发情况，比如讲话时间被突然缩短。这就需要我们迅速做出调整，以确保在有限的时间内传达出最重要的信息。

▶重新组织框架

当时间缩短，首要任务是迅速重构讲话框架。先快速梳理核心观点，将次要内容大胆舍弃，保留最关键、最能体现讲话主旨的部分。根据剩余时间，对保留内容进行合理排序，优先讲述最重要、最具影响力的观点，确保听众能抓住讲话精髓。

其一，聚焦核心论点。将讲话核心论点单独拎出，围绕它展开精简论述，避免旁枝末节。

例如，在一场关于防汛抗旱工作的讲话中，我们可以说："防汛抗旱事关人民生命财产安全，当前要强化监测预警，落实责任到人，确保万无一失。"（这里直接点明防汛抗旱工作的关键在于监测预警和责任落实，简洁有力地阐述了核心观点）

又如，在一场关于民政工作的讲话中，我们可以说："民政工作是民生保障的底线，需聚焦困难群体，提升服务质量。"（直接围绕民政

工作的核心任务——保障困难群体、提升服务质量展开，不做过多无关赘述）

其二，合并同类内容。把相关联的观点、举措整合在一起，用简洁语言概括，使内容更加紧凑。

例如，在一场关于推进城乡建设的讲话中，我们可以说："推进城乡建设，要统筹规划，加快基础设施建设与环境整治同步进行。"（把城乡建设中的基础设施建设和环境整治两个相关方面整合起来，用简洁的语言表达出整体的工作方向）

又如，在一场关于税收工作的讲话中，我们可以说："税收工作关键在于优化服务、加强征管，确保应收尽收。"（将税收工作的重点服务和征管方面合并阐述，突出核心任务）

其三，突出重点结论。以结论先行的方式，直接阐述讲话重点成果或决策，让听众快速了解核心信息。

例如，在一场关于文旅融合的讲话中，我们可以说："文旅融合要深挖特色资源，打造品牌项目，激活市场活力。"（直接给出文旅融合的重点结论和关键举措，使听众清晰了解工作方向）

又如，在一场关于卫生健康工作的讲话中，我们可以说："卫生健康工作需加强基层医疗建设，提升公共卫生服务水平。"（直接点明卫生健康工作的重点任务和目标，让听众迅速理解核心内容）

▶语言表达优化

时间紧迫时，语言必须更加精练有力。摒弃冗长复杂的句式，用简洁直白的话语传递信息，同时增强语言的节奏感和感染力，让听众迅速理解并记住要点。

其一，善用短句表达。用短小精悍的句子替代长句，使表达更清晰流畅。

例如，在一场关于退役军人事务工作的讲话中，我们可以说："尊崇军人，落实政策，维护权益，是我们的职责所在。"（用三个简洁的短句，清晰地阐述了尊崇军人工作的关键要点和责任）

又如，在一场关于审计监督工作的讲话中，我们可以说："严格审计监督，规范资金使用，保障经济健康发展。"（每个短句都表达一个明确的动作和目标，使听众能快速理解审计监督工作的重点）

其二，强化关键词语。突出关键信息，通过重复、强调等方式加深听众印象。

例如，在一场关于统计工作的讲话中，我们可以说："数据真实、准确、及时，是统计工作的生命线。"（通过强调数据的重要特性，突出了统计工作的关键要点）

又如，在一场关于经济发展的讲话中，我们可以说："科学规划、精准施策，推动经济高质量发展。"（通过强调"科学""精准"等关键词，强化对经济发展方式的要求）

▶举例说明简化

举例是为了佐证观点，但时间不足时需简化案例。选择最具代表性、最能说明问题的案例，用简洁语言概括案例核心，避免展开详细情节，确保举例既能支撑观点，又不占用过多时间。

其一，选取典型案例。挑选最具说服力的案例，以一当十。

例如，在一场关于严控财政支出的讲话中，我们可以说：“严控财政支出，比如去年优化预算，削减低效项目，把资金用在刀刃上。”（选取“去年优化预算，削减低效项目”这一典型案例，直接说明严控财政支出的实际做法和效果，具有很强的说服力）

又如，在一场关于促进就业工作的讲话中，我们可以说：“促进就业，比如开展技能培训专场，帮助众多求职者找到合适岗位。”（以“技能培训专场，帮助众多求职者就业”这个典型案例，简洁地阐述了促进就业的有效方式）

其二，概括案例要点。不展开具体过程，直接说明结果。

例如，在一场关于推动消费升级的讲话中，我们可以说：“推动消费升级，如打造特色商圈，带动周边商业繁荣。”（直接点明打造特色商圈这一举措带来的结果——带动周边商业繁荣，简洁明了）

又如，在一场关于优化医保政策的讲话中，我们可以说：“优化医保政策，提高了报销比例，扩大了覆盖范围，让更多群众受益。”（直接阐述医保政策优化后的关键结果，不赘述优化过程）

其三，关联核心观点。让例子紧密围绕核心观点讲述。

例如，在一场关于提升城市管理水平的讲话中，我们可以说：“提升城市管理水平，如整治占道经营，改善市容市貌，方便市民出行。”（所举整治占道经营的例子紧密围绕提升城市管理水平这一核心观点，说明了整治行动的意义和效果）

42

时间延长

在发言讲话时，有时会遇到时间被延长的突发状况，这就需要我们灵活应对，确保讲话的质量和效果。

▶深入拓展观点

当时间延长，可对原本的观点进行更深入剖析。进一步挖掘观点背后的原因、影响及潜在意义，使内容更具深度。

其一，分析原因。对提出的观点，阐述其产生的根源。可以从多个角度入手，如社会环境、经济因素、文化背景、个人观念等。在分析时，要条理清晰，让听众能够清楚地理解观点产生的来龙去脉。

例如，在一场关于提升工作效率的讲话中，我们可以说："工作效率难以提升，究其根源，一方面是任务分配不合理，导致人员职责不清；另一方面，办公流程烦琐，消耗了大量时间与精力。从社会环境来看，快节奏的生活让人们容易焦虑，难以专注于工作；从经济因素考虑，一些企业为降低成本，忽视了员工培训和工作设备的更新，也影响了工作效率。"（从任务分配、办公流程、社会环境、经济因素多方面分析，条理清晰，深入且全面地剖析了原因）

又如，在一场关于环保的讲话中，我们可以说："环境污染日益严重，主要源于工业废气废水的大量排放，以及民众环保意识的相对薄弱。在经济快速发展的过程中，部分企业为追求利润，不顾环保法规，肆意排放污染物；而在文化层面，一些传统的消费观念鼓励过度消费，导致资源浪费和垃圾增多，加重了环境负担。”（从工业排放、民众意识、经济发展、文化观念等角度，全面深入地阐述了环境污染问题产生的原因）

其二，阐述影响。说明观点所带来的多方面影响。这些影响既包括直接影响，也包括间接影响；既涉及个人，也关乎社会和国家。阐述时，可用具体的事例和数据加以支撑，扩展讲话的体量，增强说服力。

例如，在一场关于科技创新的讲话中，我们可以说：“科技创新不仅能推动产业升级，创造更多经济价值，还能改善人们的生活方式，提升生活质量，在国际竞争中增强国家的综合实力。以互联网科技为例，它让信息传播变得即时、便捷，促进了全球经济一体化，改变了人们的购物、社交和学习方式。同时，科技创新也带动了新兴产业的发展，创造了大量就业机会，提高了国家的竞争力。”（通过列举互联网科技的例子，从产业升级、生活方式、国际竞争等多方面阐述影响，数据与实例结合，很有说服力）

又如，在一场关于教育改革的讲话中，我们可以说：“教育改革的推进，将影响学生的学习体验与未来发展，也会改变教师的教学模式，进而对整个社会的人才培养体系产生深远影响。新的教育改革注重培养学生的创新思维和实践能力，这将使学生在未来更具竞争力。对于教师而言，他们需要不断学习新的教学理念和方法，提升自身素质。从社会层面看，教育改革有助于培养更多适应时代需求的高素质人才，推动社会的进步和发展。”（从学生、教师、社会层面阐述教育改革影

响，结合改革注重培养的能力，内容具体且有深度）

其三，挖掘潜在意义。挖掘观点蕴含的深层次意义。这需要我们站在更高的角度，从长远发展、社会价值、精神层面等方面去思考。

例如，在一场关于团队合作的讲话中，我们可以说："团队合作不只是共同完成任务，其潜在意义在于促进成员间的思想碰撞，培养协作精神，为组织的长远发展奠定坚实基础。当团队成员相互协作时，不同的思维方式相互交融，能够激发出更多的创新想法。而且，通过团队合作，成员们学会倾听他人意见，增强了沟通能力和包容心，这对于个人的成长和组织的凝聚力提升都具有重要意义。从长远来看，良好的团队合作能够让组织在激烈的市场竞争中立于不败之地。"（从思想碰撞、个人成长、组织凝聚力、长远发展等多层面挖掘意义，站位高且全面）

又如，在一场关于文化传承的讲话中，我们可以说："文化传承能维系民族的精神纽带，增强民族认同感与归属感，是民族得以延续和发展的关键所在。每一种文化都承载着民族的历史记忆和智慧结晶，传承文化就是在传承民族的根脉。通过文化传承，我们能够让后代了解先辈们的奋斗历程和精神追求，培养民族自豪感和责任感。同时，文化传承也有助于促进不同民族之间的交流与理解，推动世界文化的多样性发展。"（从民族精神、历史传承、后代培养、文化交流等角度挖掘意义，提升了讲话的深度和高度）

▶ 增添相关案例

通过增加具体案例，能让讲话内容更丰富、生动，增强说服力。

其一，引入典型案例。选择具有代表性的案例来支撑观点。这些案例要能够突出观点的核心内容，具有较强的说服力。在讲述案例时，要详细介绍案例的背景、过程和结果，让听众能够更好地理解案例与观点之间的联系。

例如，在一场关于乡村振兴的讲话中，我们可以说："就像××村，通过发展特色农产品种植，引入电商销售模式，短短几年间，村民收入大幅提高，村庄面貌焕然一新，成功实现了乡村振兴。起初，这个村子以传统农业为主，经济发展缓慢。后来，村里发现当地的土壤和气候适合种植一种特色水果，便组织村民成立合作社，规模化种植这种水果。同时，借助电商平台，将水果销售到全国各地，打开了市场。不仅如此，他们还发展了乡村旅游，进一步增加了收入来源。这个案例充分证明了，因地制宜发展特色产业，结合现代销售手段，是实现乡村振兴的有效途径。"（详细讲述××村发展全过程，从背景到做法再到成果，有力支撑乡村振兴的观点）

又如，在一场关于企业创新的讲话中，我们可以说："某知名企业持续投入研发，推出创新产品，迅速占领市场，成为行业领军者，这充分体现了创新对企业发展的重要性。该企业在市场竞争激烈的情况下，没有故步自封，而是加大研发投入，组建了专业的研发团队。经过多年努力，他们成功推出一款具有创新性的产品，这款产品不仅在功能上有了重大突破，而且在设计上也更加符合消费者需求。一经推出，便受到市场的热烈欢迎，市场份额大幅提升，也带动了整个行业的发展。"（以某企业为例，完整呈现创新过程及成果，突出创新对企业发展的关键作用）

其二，列举反面案例。选取与观点相悖的实例，通过对比凸显观点正确性，增强警示作用，让听众更易理解不当做法的危害。

例如，在一场关于企业诚信经营的讲话中，我们可以说："某企业因虚假宣传、欺骗消费者，虽短期获利，却失去市场信任，最终倒闭。这警示我们，诚信是企业生存的基石，不可动摇。"（以企业倒闭案例反向论证诚信经营的重要性，对比鲜明）

又如，在一场关于安全管理的讲话中，我们可以说："某工厂忽视安全规范，未定期检查设备，导致事故发生，造成人员伤亡和巨大经济损失。这提醒我们，安全管理容不得半点松懈。"（用反面案例强调安全管理的必要性，警示效果明显）

其三，讲述亲身案例。分享自身经历，让听众更有代入感。亲身案例能够让听众感受到讲话者的真诚，更容易引起共鸣。在讲述亲身案例时，要注重细节和情感表达，让听众能够感同身受。

例如，在一场关于学习方法的讲话中，我们可以说："我曾经在学习外语时，尝试多种方法效果不佳。后来采用了沉浸式学习法，每天听外语广播、看外语电影，一段时间后，外语水平有了显著提升。刚开始的时候，我觉得这种方法很难坚持，因为很多内容听不懂，也看不懂。但是我没有放弃，每天坚持听和看，还尝试模仿里面的语音语调。慢慢地，我发现自己的听力和口语能力有了很大进步，能够更加流利地与外国人交流。通过这次经历，我深刻体会到，找到适合自己的学习方法是多么重要。"（讲述自身学习外语经历，加入细节和感受，使听众易产生共鸣，凸显学习方法的重要性）

又如，在一场关于挫折教育的讲话中，我们可以说："当时，我负责的项目因为各种原因没有达到预期目标，我感到非常沮丧和自责。但是我没有被挫折打倒，而是认真分析失败的原因，向同事和领导请教。在后续的项目中，我吸取了之前的教训，优化了项目方案，加强了团队协作，最终项目取得了圆满成功。这次经历让我明白，挫折并不可怕，只要我们能够正确对待，从中吸取经验教训，就能不断成长和进步。”（分享工作挫折经历，详细描述应对过程和内心感受，让听众更易理解挫折教育意义）

▶加强互动交流

互动交流能活跃现场气氛，增强听众的参与感。当时间延长，可适时开展互动，拉近与听众的距离。

其一，提问引导思考。提出问题，引导听众思考，能激发他们的兴趣。问题要具有启发性和针对性，与讲话内容紧密相关。在提问后，要给听众留出思考的时间，鼓励他们积极参与讨论。

例如，在一场关于城市规划的讲话中，我们可以说：“大家想想，随着城市的快速发展，交通拥堵问题日益严重。那么，我们该如何在城市规划中优化交通布局，缓解交通压力呢？大家可以开动脑筋，一起探讨。比如说，是否可以增加公共交通的线路和车辆，鼓励人们绿色出行？或者优化道路设计，提高道路的通行能力？大家有什么好的想法都可以说出来。”（结合城市规划话题，提出具体且有针对性的问题，引导听众思考，激发参与热情）

又如，在一场关于提高工作效率的讲话中，我们可以说：“在日常工作中，我们常常觉得时间不够用，工作效率不高。大家不妨思考一下，自己在工作中存在哪些影响效率的因素呢？是任务安排不合理，还是工作方法不对？又或者是受到外界干扰太多？大家可以结合自己

的实际情况，分享一下自己的看法。”（从日常工作实际出发，提出问题引导听众反思，促进他们参与互动讨论）

其二，邀请分享经验。邀请听众分享经验，能丰富讲话内容。在邀请时，要注意语言的礼貌和亲切，让听众感受到被尊重。同时，要对听众的分享给予积极的回应和肯定，鼓励更多人参与。

例如，在一场关于社区志愿服务的讲话中，我们可以说：“相信在座的各位都参与过社区志愿服务，一定有很多宝贵的经验。哪位愿意主动站起来，和大家分享一下自己在志愿服务中的收获和体会呢？无论是帮助他人的快乐瞬间，还是遇到的困难和解决方法，都可以和大家分享。我相信，大家的经验一定能给其他人带来启发。”（用礼貌、亲切的语言邀请听众分享，强调经验价值，能激发听众分享的积极性）

又如，在一场关于学习方法的讲话中，我们可以说：“学习方法因人而异，在座的肯定有学习高手。有没有同学愿意分享一下自己独特的学习方法，让大家借鉴借鉴？比如，如何提高记忆力，如何合理安排学习时间，或者如何应对考试压力，等等。大家不要害羞，分享自己的经验也是一个学习的过程。”（针对学习方法话题，鼓励听众分享独特经验，打消顾虑，营造良好互动氛围）

其三，解答听众疑问。鼓励听众提问，并给予解答，能解决他们的困惑。在解答疑问时，要认真倾听听众的问题，确保理解准确。回答要简洁明了、通俗易懂，如果遇到自己不太清楚的问题，可以诚实地说明，并表示会在会后进一步了解和解答。

例如，在一场关于政策解读的讲话中，我们可以说：“对于这项政策，大家可能还有一些疑问。现在，大家可以自由提问，我会为大家一一解答。无论是政策的具体内容，还是实施过程中的问题，都可以

问。大家不用担心，畅所欲言就好。”（主动邀请听众提问，表明解答态度，让听众放心提问，增强互动效果）

又如，在一场关于技能培训的讲话中，我们可以说：“在培训过程中，大家如果遇到什么问题，随时提出来。无论是技术操作上的难题，还是理论知识的疑惑，我们都一起探讨解决。大家不要觉得不好意思，我们的目的是让大家真正掌握这些技能，所以有问题一定要及时问。”（强调培训目的，鼓励听众提问，展现积极解决问题的态度，提升互动质量）

43

被点名发言

在很多场合中，我们可能会突然被点名要求进行讲话。这种情况下往往准备时间仓促，容易让人感到紧张。

▶心态调整

当突然被点名讲话时，心态的调整至关重要。首先，要迅速镇定下来，不要让紧张情绪过度蔓延。紧张是正常的，但过度紧张会影响思维和表达。我们可以通过深呼吸来调节，慢慢地吸气，感受腹部的膨胀，然后缓缓地呼气，重复几次，让自己的身体和情绪逐渐放松。同时，心里给自己积极的暗示，告诉自己“我可以的”“这是一个展示自己的好机会”。要明白，在场的听众并非抱着挑剔的态度，他们更希望听到有价值的观点和真诚的分享。

其一，真诚开场，拉近距离。真诚是打动听众的关键。以真诚的态度开场，能够迅速拉近与听众的距离，缓解自身的紧张感。可以先表达此刻被点名的意外和荣幸之情。

例如，在一场关于检察院工作成果汇报的会议中，我们可以说：“非常感谢领导给我这个突然发言的机会，说实话，刚被点到名时，我心里还有些紧张。但能和在座各位一同交流检察院在打击犯罪、维护公平正义方面所做出的努力和取得的成果，我深感荣幸。”（这样的开场，直白地展现出自己的真实感受，让听众感受到真诚，后续讲话也能更自然流畅）

其二，共鸣话语，增强认同。恰当引用一些能引发共鸣的话语，能让听众更容易投入到你的讲话中，同时也能为自己争取思考后续内容的时间。这些话语可以来自名人名言、大众熟知的热点事件等。

例如，在一场关于住房和城乡建设的会议上，我们可以说：“如今大家都在热议‘让城市生活更美好’，这也是我们住房和城乡建设局一直努力的方向。在城市基础设施建设、老旧小区改造等工作中，我们不断探索创新……”（引用大众关注的热点表述，迅速契合会议主题，吸引听众注意力，使自己的讲话更具感染力）

其三，幽默自嘲，化解尴尬。适当的幽默自嘲是缓解紧张氛围的良方，能展现出自己的豁达与亲和力，让听众对你产生好感。

例如，在一场科技创新成果的交流会上，我们可以说：“我这脑子刚还在飞速运转，想着这些前沿科技成果，结果被点到名，一下子有点‘宕机’了。不过没关系，咱们科技局不就是不断突破各种难题嘛，我也来突破一下此刻的紧张，和大家聊聊……”（借助幽默的表达，巧妙地化解紧张，同时结合科技局的工作特点，自然地引入讲话内容）

▶快速构思

在极短的时间内，要迅速构思出讲话的大致框架和要点。可以先确定讲话的核心主题，然后围绕主题快速在脑海中搜索相关的观点、事例或数据。如果对主题比较熟悉，可以直接从自己最有把握的方面入手；如果不太熟悉，就从现场已有的信息、大家讨论的热点等方面寻找切入点。

其一，关联现场，借势发挥。紧密关联现场的情境、他人的发言等进行构思，能够让讲话更具针对性和贴合度。

例如，在一场关于公共资源交易中心的会议上，我们可以说："刚才听了同事关于优化交易流程的精彩发言，我很受启发。在公共资源交易中，流程的优化直接关系到交易的效率和公平性。就拿我们近期处理的一些项目来说，通过简化部分审批环节，大大缩短了交易周期……"（借助他人发言作为引子，顺势展开自己的观点和相关事例，既显得思路连贯，又能体现对现场讨论的关注）

又如，在一场关于政务服务和大数据管理的交流活动中，我们可以说："大家都在热议大数据给政务服务带来的变革，这确实是当下的重点工作。我们局在推进政务数据整合共享方面，也做了诸多努力。比如，通过建立统一的数据平台，实现了多个部门的数据互通，让群众办事真正做到了'最多跑一次'……"（结合现场讨论的热点，快速组织语言，讲述本部门在相关领域的工作成果，使讲话内容紧扣主题且具有实际价值）

其二，问题导向，阐述思路。以问题为导向进行构思，提出问题并阐述解决问题的思路，能够让讲话具有逻辑性和实用性。

例如，在一场关于公共检验检测的工作汇报会上，我们可以说："在当前的检验检测工作中，如何确保检测数据的准确性和时效性，是我们面临的重要问题。为了解决这个问题，我们从人员培训、设备更新及优化检测流程等方面入手……"（直接抛出工作中的关键问题，然后条理清晰地阐述应对措施，让听众能够快速理解讲话的重点和价值）

又如，在一场关于防汛工作会议上，我们可以说："面对即将到来的汛期，如何做好防洪减灾工作是我们关注的焦点。我们可以从加强水利设施的巡查维护、完善应急预案及提高群众的防汛意识等方面着力……"（以问题为切入点，迅速构建讲话框架，详细说明解决问题的方向，使讲话内容具有针对性和可操作性）

其三，观点先行，举例支撑。先明确表达自己的核心观点，然后通过具体事例进行支撑，这样的构思方式简单直接且能让听众快速理解你的意图。

例如，在一场关于机关事务服务中心的工作会议上，我们可以说："我认为，高效的后勤保障是机关单位正常运转的基石。就拿我们在办公用品采购方面的工作来说，通过集中采购和严格的供应商筛选，不仅降低了采购成本，还提高了办公用品的质量和供应效率……"（先抛出观点，让听众明确讲话主旨，再用实际工作中的具体事例加以论证，增强观点的可信度和说服力）

又如，在一场关于医疗服务提升的讲话中，我们可以说："优质的医疗服务离不开医患间的有效沟通。像我院推行的'医患沟通日'活动，通过面对面交流，大大减少了误解，提升了患者满意度。"（先亮明观点，再以具体活动为例，让抽象观点变得直观易理解）

▶强化收尾

讲话结尾要简洁有力，起到总结升华、强化印象的作用。可以再次强调核心观点，或提出号召、展望未来，给听众留下深刻印象。在应对其他突发状况时，也可根据实际情况进行相应的讲话结尾，避免突然结束，让讲话有始有终。

其一，总结重申核心观点。在结尾处总结重申核心观点，能够强化听众对讲话重点的记忆，使整个讲话逻辑更为清晰完整。回顾讲话中的主要内容，用简洁明了的语言再次点明核心，加深听众印象。可以采用“总之”“综上所述”等引导词，让听众意识到讲话即将收尾。

例如，在一场关于城市交通规划优化的讲话中，我们可以说：“总之，通过完善公共交通网络、优化道路设施及推广智能交通系统，是缓解当前城市交通拥堵、提升居民出行体验的关键举措。我们需持续推进这些工作，打造更便捷、高效的城市交通环境。”（先总结前文提到的优化交通的各项要点，再次强调核心举措，让听众清晰把握讲话重点）

又如，在一场关于校园安全教育的讲话中，我们可以说：“综上所述，强化安全教育宣传、定期开展安全演练及完善校园安全设施，是保障校园安全、守护师生生命财产安全的重要手段。各部门务必高度重视，将这些工作落到实处。”（通过总结概括校园安全工作的关键方面，突出核心观点，促使听众牢记并重视校园安全工作重点）

其二，提出号召激发行动。提出号召激发行动，能够调动听众的积极性，促使他们将讲话中的理念转化为实际行动，提升讲话的影响力。根据讲话主题，提出切实可行、具有感染力的号召，鼓励听众共同参与或支持相关行动。运用富有激情的语言，增强号召力。

例如，在一场关于环保公益活动的讲话中，我们可以说：“让我们携手行动起来，从身边小事做起，节约用水、绿色出行、减少一次性用品使用，为保护我们的地球家园贡献自己的一份力量。每一个小小的行动，汇聚起来都将是改变世界的巨大力量！”（以具体的环保行动

为例，发出号召，激发听众参与环保的热情，鼓励他们立即行动）

又如，在一场关于社区文化建设的讲话中，我们可以说：“亲爱的社区居民们，社区文化建设离不开每一个人的参与。让我们积极投身到社区文化活动中来，分享自己的才艺、故事，一起打造一个充满活力、温暖和谐的社区大家庭！”（明确呼吁居民参与社区文化建设活动，用热情的语言激发听众的参与意愿，为社区文化建设贡献力量）

其三，展望未来引发期待。展望未来引发期待，能为讲话营造积极的氛围，让听众对未来充满憧憬，留下美好的印象。结合讲话主题，描绘未来可能实现的美好愿景，引发听众对未来的向往和期待。语言要生动形象，富有想象力。

例如，在一场关于企业发展规划的讲话中，我们可以说：“展望未来，我们的企业将在拓展市场份额、加强技术研发以及优化内部管理等方面持续发力，成长为行业内的领军企业，为员工提供更广阔的发展空间，为社会创造更多价值。让我们齐心协力，向着这个目标奋勇前进！”（描绘企业未来发展蓝图，引发员工对企业发展的期待，凝聚团队力量）

又如，在一场关于志愿者服务活动的讲话中，我们可以说：“相信通过大家的努力，我们的志愿服务活动将如同一束束温暖的光，照亮每一个需要帮助的角落。受助者的笑容将成为我们最美的勋章，社会也将因我们的付出变得更加美好。让我们一起期待那充满爱的美好景象！”（生动描绘志愿服务成果，引发听众对未来志愿服务成效的向往，增强讲话的吸引力和激励性）

44

话题被抢先

在发言讲话的场合中，难免会遭遇精心准备的内容被他人抢先讲述的尴尬局面。此时，沉着冷静、灵活应变，才能化解困局，展现出色的表达能力。

▶视角转换

当自己准备讲的内容被他人先说了，可从不同视角重新切入话题，给听众带来全新感受。

其一，反向切入。不顺着他人思路，从相反方向思考阐述。

例如，在一场关于统战工作的讲话中，别人强调团结的重要性及成果后，我们可以说："在看到统战工作带来的团结成果同时，我们也应清醒认识到，当前仍存在一些细微分歧点，需要我们以更细腻的工作方法、更包容的心态去化解，进一步巩固和扩大团结局面。"（这里从正面成果转向潜在问题，形成对比，引发听众对统战工作的全面深入思考）

又如，在一场关于政法工作的讲话时，若他人已提及打击犯罪成效，我们可以说："打击犯罪取得的成绩值得肯定，但从另一个角度看，预防犯罪工作的相对薄弱，或许是我们接下来需要重点攻坚的方

向，如何从源头上减少犯罪滋生的土壤，比单纯打击犯罪更具深远意义。”（这种反向切入，打破常规思维，突出新重点）

其二，关联拓展。以他人所讲内容为出发点，关联到其他相关领域或层面进行拓展。

例如，在一场关于社会工作的讲话中，若前面发言者提到社区服务的重要性，我们可以说：“社区服务是社会工作的重要一环，当我们聚焦社区服务时，与之紧密关联的社会组织培育同样不容忽视，只有社会组织充分发展，才能为社区服务注入更多元化的活力与专业力量，形成更完善的社会服务体系。”（通过关联拓展，丰富讲话内容广度）

又如，在一场关于信访工作的讲话中，有人谈了信访案件处理情况后，我们可以说：“信访案件处理是我们直面群众诉求的直接体现，在此基础上，我们要关联到对信访信息的深度分析与运用，从大量信访数据中挖掘出群众反映强烈的共性问题，进而推动相关政策优化调整，从根本上减少信访案件产生。”（这样将案件处理与信息运用关联，提升工作层次）

其三，受众聚焦。将关注点转移到不同受众群体需求与感受上。

例如，在一场关于发改工作的讲话中，当他人阐述经济发展宏观规划后，我们可以说：“从宏观经济规划视角转向微观层面，广大中小企业主作为经济发展重要参与者，他们对政策的精准解读、资金扶持和市场开拓的迫切需求，是我们在后续工作推进中需要重点关注并给予切实支持的，只有中小企业茁壮成长，经济发展根基才更稳固。”（针对特定受众，突出其独特需求）

又如，在一场关于财政工作的讲话中，若已提及财政资金分配总体情况，我们可以聚焦到普通民众这一受众，说：“财政资金分配关乎各方，对于普通民众而言，他们更关心与日常生活息息相关的民生领域投入，像教育、医疗、养老等方面资金是否精准落实到位，直接影响着他们的生活质量与幸福感，这也应当是我们财政工作持续关注的核心要点。”（通过受众聚焦，使讲话更接地气）

▶深度挖掘

在他人讲述基础上，深入挖掘话题深度，展现对问题更透彻理解。

其一，溯源探究。探寻事物的起源和发展脉络，揭示本质。

例如，在一场关于招商工作的讲话中，有人谈到招商成果后，我们可以说：“取得这些招商成果，值得欣喜。但深入探究背后原因，是我们地区独特的产业基础、不断优化的营商环境及全体招商人员不懈努力共同作用的结果。追溯根源，能让我们更清晰认识到自身优势与不足，为未来招商工作持续优化提供方向。”（通过溯源，明晰工作成果背后本质因素）

又如，在一场关于重点项目工作的讲话中，针对重点项目推进情况，我们可以说：“重点项目顺利推进，我们不能只看表面进度。从根源上看，项目前期精准规划、中期各部门高效协同、后期持续跟进保障机制，共同构成项目成功关键链条，任何一环缺失或薄弱，都可能影响项目最终成效。”（这种溯源探究，加深对工作流程整体认知）

其二，案例细化。用更具体、生动的案例支撑观点。

例如，在一场关于经信工作的讲话中，提及工业企业发展时，若别人已讲过相关情况，我们可以说：“就拿本地的 ×× 公司来说，在面临产业升级压力下，通过自主研发投入，引进先进生产设备，从最初产品单一、市场竞争力弱，逐步转型为产品多元化、在行业内具有较高知名度的企业，其成功转型历程为众多工业企业提供了可借鉴的实践样本。”（以具体企业案例细化工业企业发展路径）

又如，在一场关于金融监管工作的讲话中，谈到金融风险防控，我们可以说：“在此次事件中，某金融机构因风险管理漏洞，出现资金链紧张问题。详细剖析这一案例，从风险预警机制缺失、内部管理混乱到外部监管不到位等多方面因素，为我们全方位加强金融风险防控敲响警钟，也让我们明确改进方向。”（通过细化案例，生动呈现金融风险防控要点）

其三，理论升华。将具体内容上升到理论层面，提升高度。

例如，在一场关于公积金工作的讲话中，谈及公积金政策落实情况后，我们可以说：“公积金政策落实不仅是关乎民众住房保障的具体事务，从社会公平与资源合理分配理论层面看，它是实现社会公平正义、优化社会资源配置的重要手段之一，体现了政府对民生保障与社会均衡发展的深刻考量。”（把政策落实提升到社会理论层面）

又如，在一场关于税务工作的讲话中，针对税收征管工作，我们可以说：“税收征管从表面看是征收税款行为，深入到经济运行与社会治理理论体系中，它是国家宏观调控经济、调节收入分配以及保障公共服务供给的关键经济杠杆，其高效运行对国家经济社会稳定发展起着基础性支撑作用。”（从理论高度阐释税收征管意义，提升讲话层次）

▶创新拓展

打破常规思维，从创新角度拓展话题，给听众带来耳目一新的感觉。

其一，跨界融合。融合不同领域知识或理念。

例如，在一场关于统计工作的讲话中，当谈到统计数据应用时，我们可以说："我们不妨将统计数据与当下热门的人工智能技术融合，通过人工智能算法对海量统计数据进行深度挖掘与分析，能够帮助更精准预测经济社会发展趋势，为政府决策、企业发展提供更具前瞻性的参考依据，开拓统计工作新领域。"（打破统计与技术界限，创新工作思路）

又如，在一场关于气象工作的讲话中，若提及气象监测情况，我们可以说："气象监测数据若能与城市规划领域相结合，为城市基础设施建设、交通布局规划提供气象风险评估，比如在易发生暴雨洪涝区域合理规划排水系统、交通枢纽位置，可有效降低气象灾害对城市运行的影响，提升城市综合防灾减灾能力。"（实现气象与城市规划跨界融合，拓展气象工作应用场景）

其二，情景假设。设定不同情景进行假设分析。

例如，在一场关于烟草工作的讲话中，我们可以假设说："倘若未来烟草市场全面放开，市场竞争异常激烈，我们该如何应对？从提升产品质量、优化品牌营销到加强市场监管，都需要提前谋划布局，以确保在新市场环境下占据主动地位。"（通过情景假设，引发对未来潜在变化思考）

又如，在一场关于公安工作的讲话中，针对社会治安问题，我们可以假设说："假设城市流动人口在短时间内大幅增加，社会治安管理面临巨大挑战，我们在警力调配、治安防控体系优化及警民合作模式创新等方面，需要采取哪些针对性措施来维护社会稳定？"（借助情景假设，探索应对复杂治安状况方法）

其三，未来展望。对话题相关的未来发展进行预测和规划。

例如，在一场关于法院工作的讲话中，我们可以说："展望未来，随着司法体制改革持续深入，智慧法院建设全面推进，司法审判将更加高效、公正、透明，当事人足不出户即可享受便捷司法服务，司法公信力将得到进一步提升，为法治社会建设提供更坚实保障。"（通过未来展望，传递积极信号）

又如，在一场关于检察工作的讲话中，我们可以说："未来，检察机关在公益诉讼领域将不断拓展深度与广度，针对生态环境、食品药品安全等涉及群众切身利益问题，持续发力，通过提起公益诉讼，让损害公共利益行为无处遁形，为守护社会公共利益、建设美丽和谐家园贡献检察力量。"（以未来展望明确工作发展方向，激励士气）

45

意见冲突

在发言讲话的过程中，尤其是在交流讨论的场合，很可能会出现自己的观点与他人意见不一致甚至冲突的情况，这时如何妥善处理就显得尤为重要。

▶建立沟通氛围

以平和、尊重的态度开启对话，是处理意见冲突的基础。避免使用攻击性言辞，营造开放包容的交流环境，让双方都能充分表达观点。

其一，态度谦逊诚恳。在表达不同意见前，先肯定对方观点中的合理之处，展现出对他人的尊重。

例如，在一场关于法律援助工作的讲话中，我们可以说："您刚刚提到的扩大法律援助宣传范围这一点非常有见地，确实能让更多人了解并受益于法律援助服务。不过，我在实践中发现，目前我们不仅要注重宣传，还需优化法律援助的申请流程，这样才能让真正有需求的人更便捷地获得帮助。"（先认可对方观点，再委婉提出自己的不同看法，使对方更容易接受）

又如，在一场关于退役军人事工作的讲话中，我们可以说："您提出举办军事主题展览来增强退役军人荣誉感的想法很好，能让大家铭记他们的贡献。同时，我觉得我们也可以增加一些互动环节，像邀请退役军人分享亲身经历，这样能让活动更具感染力。”（先肯定他人观点，再补充自己的建议，促进良好沟通氛围的形成）

其二，语言委婉温和。使用委婉的措辞表达不同意见，避免直接否定对方，减少对立情绪。

例如，在一场关于道路规划的讲话中，我们可以说：“关于这条道路拓宽的规划，您的想法很有前瞻性。不过，从目前周边居民的反馈来看，他们更担心施工期间的交通拥堵问题。或许我们可以在规划中加入一些临时交通疏导方案，这样既能保证道路拓宽工程顺利进行，又能最大限度减少对居民生活的影响。”（用温和的语气提出问题和建议，引导对方思考）

又如，在一场关于土地利用规划的讲话中，我们可以说：“您提出的土地开发方案考虑得很全面。但我注意到，这块区域生态环境较为敏感，我们是否可以在开发的同时，增加一些生态保护措施，确保土地利用和生态保护达到平衡呢？”（委婉地表达不同意见，为双方进一步探讨留出空间）

其三，主动倾听理解。认真倾听对方的阐述，给予充分的表达机会，让对方感受到被重视。

例如，在一场关于农村产业发展的讲话中，当对方表达完观点后，我们可以说：“我认真听了您关于发展特色农产品种植的想法，确实很有潜力。我想再深入了解一下，您觉得在推广这些特色农产品时，如何更好地对接市场需求呢？”通过主动询问，深入了解对方思路，为后续交流奠定基础。（积极倾听，深入了解对方想法，有助于找到双方的契合点）

又如，在一场关于应急预案制定的讲话中，当对方表达完观点后，我们可以说："您提出的应急预案在应对常见灾害方面考虑得很周全。我想请教一下，对于一些突发的新型灾害，比如网络安全引发的公共安全事件，我们的预案是否需要补充相关内容呢？"（通过倾听和提问，展示对对方观点的尊重，同时引导讨论向更深入的方向发展）

▶强调共同目标

找到双方观点背后的共同目标，围绕这一目标阐述自己的观点，能有效减少对立，增进共识。

其一，聚焦工作成效。在讨论工作时，强调共同目标是提升工作效果，为单位、组织或社会创造更大价值。

例如，在一场关于财务审计工作的讲话中，我们可以说："我们都希望通过审计工作，规范单位的财务管理，避免资金浪费和违规使用。我理解您注重审计效率，但我认为在保证效率的同时，深入审查每一笔资金流向同样重要，这样才能确保审计工作真正发挥监督作用，为单位的健康发展保驾护航。"（明确共同目标，说明自己观点对实现目标的重要性）

又如，在一场关于数据统计工作的讲话中，我们可以说："我们的共同目标是提供准确、及时的数据，为决策提供可靠依据。目前的数据收集方法虽然能保证一定的速度，但在准确性上可能存在一些偏差。我建议采用更科学的抽样方法，虽然会增加一些工作量，但能大大提高数据质量，更好地服务于决策。"（以共同目标为出发点，提出改进建议，增强说服力）

其二，关注服务对象。当涉及服务公众的工作时，强调共同目标是满足服务对象的需求，提升他们的满意度。

例如，在一场关于维护市场秩序的讲话中，我们可以说：“我们都是为了维护消费者的合法权益和市场的公平竞争。您提出加强对大型企业的监管很关键，同时，我们也不能忽视小微企业的规范引导。小微企业数量众多，它们的健康发展同样关系到市场的活力和消费者的选择，我们可以制定一些针对性的政策，帮助小微企业更好地遵守法规，这样能更全面地维护市场秩序。”（围绕服务对象的利益，协调不同观点，达成共识）

又如，在一场关于环保工作的讲话中，我们可以说：“我们的共同目标是为市民创造一个良好的生态环境。在治理工业污染方面，您提出的加大处罚力度很有必要。同时，我们也可以鼓励企业进行绿色转型，给予他们一定的技术支持和政策优惠，这样既能从源头上减少污染，又能促进企业可持续发展，最终让市民享受到更优质的生态环境。”（以服务公众为目标，提出综合解决方案，促进双方观点融合）

其三，着眼长远发展。在讨论发展相关问题时，强调共同目标是实现可持续的长远发展。

例如，在一场关于城市建设规划的讲话中，我们可以说：“我们都希望城市能实现可持续发展，打造宜居宜业的环境。您提出的增加商业建筑来促进经济发展的想法很好，但从长远来看，我们也要注重生态保护和文化传承。在规划中合理布局公园、绿地等生态空间，同时保护好历史文化遗迹，这样才能让城市既有经济活力，又有独特的魅力，实现长远发展。”（从长远发展的角度出发，协调不同观点，使规划更具前瞻性）

又如，在一场关于机构编制管理的讲话中，我们可以说："我们的共同目标是优化机构编制配置，提高行政效率，推动地区长远发展。在精简机构的过程中，我们要充分考虑各部门的实际工作需求和未来发展趋势。对于一些新兴领域和关键岗位，适当增加编制，能更好地适应发展需求，为地区的长远发展提供有力保障。"（以长远发展为目标，平衡不同观点，确保机构编制管理的科学性）

▶客观分析差异

冷静客观地分析双方观点的差异，从事实、数据和逻辑等方面进行比较，寻求共识。

其一，依据事实数据。用实际的事实和数据作为支撑，分析双方观点的差异，使讨论更具说服力。

例如，在一场关于干部培训工作的讲话中，我们可以说："您认为增加理论课程能提升干部的思想素养，这很有道理。但从过去的培训反馈数据来看，学员们在实际工作中更需要解决实际问题的能力。我们可以在保证理论课程质量的基础上，增加一些案例分析和实践模拟课程，这样能更好地满足干部的实际需求，提高培训效果。"（以事实数据为依据，客观分析差异，提出合理建议）

又如，在一场关于科研项目评审的讲话中，我们可以说："您主张重点支持基础研究项目，这对科技长远发展意义重大。然而，根据目前区域经济发展的实际需求和企业的反馈，应用研究项目能更快地将科研成果转化为生产力，促进经济增长。我们可以在两者之间找到一个平衡点，合理分配科研资金，既推动基础研究，又满足当下经济发

展的需求。”（结合实际需求和数据，分析观点差异，寻求解决方案）

其二，剖析逻辑思路。深入分析双方观点的逻辑架构，找出差异点，通过沟通协调，完善观点。

例如，在一场关于养老服务工作的讲话中，我们可以说：“您提出的增加养老机构数量的想法，逻辑出发点是为了满足日益增长的养老需求。但从目前的情况来看，仅仅增加数量可能无法根本解决问题。我们还需要考虑服务质量的提升，比如加强对养老服务人员的专业培训，完善服务设施等。这样形成一个完整的养老服务体系，才能真正提高老年人的生活质量。”（剖析对方观点逻辑，补充完善自己的观点，促进双方理解）

又如，在一场关于促进社会就业工作的讲话中，我们可以说：“您认为举办招聘会是解决就业问题的关键，这个逻辑没错。但我们也要看到，当前就业市场存在着供需不匹配的问题。除了举办招聘会，我们还可以加强职业技能培训，根据市场需求调整培训课程，使求职者具备更符合市场需求的技能，这样才能从根本上提高就业成功率。”（分析对方观点逻辑，提出补充措施，优化解决方案）

其三，做到求同存异。在分析差异的基础上，理性协商，寻求双方都能接受的方案。对于无法达成一致的部分，求同存异，避免过度纠结。

例如，在一场关于招商引资策略的讨论中，我们可以说：“我们在吸引外资的重点产业上有不同看法，这很正常。您认为高新技术产业更有潜力，我觉得传统优势产业也不能忽视。我们可以在制定策略时，对两者都给予关注，根据实际情况合理分配资源，这样或许能扩大招商引资的成果。”（通过理性协商，求同存异，推动工作进展）

又如，在一场关于文化旅游融合发展的讲话中，我们可以说：“大家对于文化和旅游融合的重点方向有不同意见。您强调文化传承，我注重旅游体验。我们可以将两者结合，在旅游项目中融入更多文化元素，通过提升旅游体验来促进文化传承，同时借助文化魅力吸引更多游客。对于一些暂时无法统一的细节，我们可以在实践中进一步探索。”（理性协商、求同存异，能让双方在合作中共同推进工作）

46

出现口误

在发言讲话时，即使经验丰富也难免出现口误。遇到这种情况别慌张，掌握一些应对技巧，能巧妙化解尴尬，让讲话继续顺利进行。

▶当场纠正

在讲话中出现口误，当场纠正是较为直接有效的方式。发现口误后，要立刻停止讲话，清晰准确地说出正确内容。同时，简单解释口误原因，让听众理解，避免产生误解。

其一，及时纠正错误。发现口误后，第一时间停下讲话，清晰说出正确内容，并简要解释原因。

例如，在一场关于融媒体工作的讲话中，我们可以说："在融媒体时代，我们的新闻传播速度至关重要，刚才我说成了'新媒介时代'，抱歉，是我口误，一时着急说错了，大家别被我带偏。"（此处及时纠正口误，让听众清楚知晓错误所在，保证信息传达的准确）

又如，在一场关于卫生健康工作的讲话中，我们可以说："我们要加大对基层医疗卫生机构的投入，提升服务水平，刚我说成了'基础医疗'，这是口误，因为说得快没注意。"（通过直接纠错和简单解释，使讲话内容回到正轨）

其二，诚恳致歉。根据讲话场景，诚恳向听众道歉，表达歉意的同时自然过渡到正确内容。

例如，在一场关于城市管理执法工作的讲话中，我们可以说："在整治占道经营时，我们要文明执法，规范管理，实在不好意思，我刚把'规范'说成了'规划'，这是我的失误，大家多多包涵。"（结合工作场景道歉，让听众感受到讲话者的诚意）

又如，在一场关于医疗保障工作的讲话中，我们可以说："医保政策的落实关乎民生，抱歉，我刚把'报销比例'说错了，是我没表达准确，希望大家别介意。"（以诚恳的态度认错，能缓解口误带来的尴尬）

其三，强调正确信息。纠正口误后，重复强调正确内容，加深听众印象，确保信息准确传达。

例如，在一场关于水利和湖泊工作的讲话中，我们可以说："在水资源管理方面，我们要严格落实节水措施，我刚说错了，不是'节能'，是'节水'，大家一定要记住，是节水措施。"（重复强调"节水"，强化听众记忆）

又如，在一场关于政务服务和大数据管理局工作的讲话中，我们可以说："我们要推进'互联网+政务服务'建设，提高办事效率，我刚说成了'互联网政务'，正确的是'互联网+政务服务'，大家注意一下。"（再次强调正确表述，避免听众产生混淆）

▶幽默化解

用幽默的方式化解口误，能活跃现场气氛，缓解尴尬，还能展现讲话者的机智和亲和力。

其一，自我调侃化解尴尬。通过自我调侃，以轻松诙谐的方式对待口误，让听众在笑声中忽略错误，同时也能拉近与听众的距离。

例如，在一场关于公共资源交易工作的讲话中，我们可以说："看来我的嘴巴今天有点调皮，把'公开招标'说成了'公开招聘'，它可能也想给大家找点乐子，大家别见怪啊。"（用幽默的自我调侃，化解了口误的尴尬）

又如，在一场关于公共检验检测中心工作的讲话中，我们可以说："我的脑子可能刚做了个'检测'，不太准确，把检测标准说错了，大家别跟着它走偏。正确标准是……"（借助工作内容幽默自嘲，让现场氛围更轻松）

其二，巧妙联想制造笑点。将口误与讲话内容或现场情境巧妙联想，创造出有趣的笑点，转移听众对口误的注意力。

例如，在一场关于医院工作的讲话中，我们可以说："看来我的语言也需要'住院治疗'了，刚刚说错了手术成功率，应该是98%，希望它赶紧'康复'。"（以医院常见的治疗概念联想，诙谐自然）

又如，在一场关于人才工作会议的讲话中，我们可以说："大家对会议的热情太高涨了，我的舌头都'激动'得打了结，把人才补贴政策说错了，实际政策是……"（借助会议氛围联想，自然化解尴尬）

其三，夸张演绎，轻松带过。通过夸张的表情和语气，对口误进行演绎，让听众感受到这只是一个小插曲，从而轻松带过。

例如，在一场关于优化营商环境工作的讲话中，我们可以说："哎呀！刚刚那句话差点'破坏'营商环境了，还好及时'止损'，企业开办时间是3个工作日，不是5个！"（夸张表述，活跃气氛）

又如，在一场关于机关事业单位工作的讲话中，我们可以说："我的嘴巴刚才'穿越'到另一个话题了，竟然说错了培训计划！现在回归正轨，真实安排是……"（以"穿越"的夸张设定，让失误变得轻松有趣）

▶转移话题

当出现口误时，迅速转移话题，能减少对口误的关注，让讲话回到正轨。

其一，关联重点转移话题。紧扣讲话主题，将话题转移到重点内容上，用重要观点吸引听众注意力，降低口误的影响。

例如，在一场关于提升工作效率的讲话中，我们可以说："在提升工作效率方面，我刚说错了一个词，先不管它了。我们重点来谈谈如何通过优化工作流程，真正提高大家的工作效率，这才是关键。"（快速将话题引向重点内容，使听众关注核心信息）

又如，在一场关于某项政策解读的讲话中，我们可以说："不好意思口误了，这个先放一边。我们来看看这项政策实施后，对大家生活的具体影响，这才是大家最关心的。"（及时转移话题，突出重点，让讲话继续推进）

其二，提出问题引导思考。提出与讲话主题相关的问题，引发听众思考，将他们的注意力从口误上转移开。

例如，在一场关于教育工作的讲话中，我们可以说："我刚刚出现了口误，大家别在意。现在我想问问大家，对于提高学生的综合素质，你们有什么好的想法和建议呢？"（用问题引导听众参与讨论，转移对

口误的关注）

又如，在一场关于环保工作的讲话中，我们可以说："抱歉刚刚说错了。请大家思考一下，在日常生活中，我们可以采取哪些小行动来为环保助力呢？"（通过提问，引导听众思考，使讲话顺利进行）

其三，结合热点转移焦点。结合当下热点话题，巧妙地将话题转移，利用热点的吸引力让听众忽略口误。

例如，在一场关于文化建设的讲话中，我们可以说："刚刚我口误了，咱不说这个了。最近大家都在热议传统文化的创新传承，我们就来聊聊在这方面，我们可以做些什么。"（借助热点转移话题，让讲话自然流畅）

又如，在一场关于科技创新的讲话中，我们可以说："不好意思说错话了。现在人工智能发展得如火如荼，在我们这个领域，如何借助人工智能实现科技创新呢？"（以热点为切入点，成功转移焦点，让讲话回到正常节奏）

47

突然忘词

在发言讲话时，忘词是许多人都会遇到的尴尬情况。其实，只要掌握一些实用技巧，就能巧妙化解，让讲话继续顺利进行。

▶自然停顿

自然停顿是应对忘词的有效技巧之一，它可以给我们争取回忆内容的时间，同时也能增强讲话的节奏感和吸引力。在忘词时，我们可以自然地停顿数秒，利用这段时间迅速在脑海中搜索接下来的内容。

其一，结合思考，稍作停顿。当忘词时，我们可以结合讲话的内容，做出思考状，稍作停顿。

例如，在一场关于统战工作的讲话中，我们可以说："做好新时代统战工作，需要我们深入思考如何团结一切可以团结的力量（停顿2～3秒），只有这样，才能不断扩大统一战线的'朋友圈'。"（这里的停顿，给人一种正在深入思考的感觉，让听众的注意力更加集中）

又如，在一场关于政法工作的讲话中，我们可以说："维护社会稳定，是政法工作的重要使命。面对复杂多变的社会环境，我们要思考如何创新工作方法（停顿2～3秒），以更好地守护人民群众的安全。"（通过停顿，强化了思考的氛围，使讲话更具感染力）

其二，借助情感，适当停顿。在表达强烈情感时，适当的停顿可以让情感更具冲击力，同时也为我们回忆内容提供时间。

例如，在一场关于社会工作的讲话中，我们可以说：“我们从事的社会工作，是关乎民生冷暖的伟大事业！（停顿2～3秒，语气加重，表情严肃）每一位帮助过的群众，他们的笑容都让我们深感工作的价值。”（停顿在此处，能将情感充分传递给听众，引发共鸣）

又如，在一场关于信访工作的讲话中，我们可以说：“信访工作，是党和政府联系群众的桥梁。我们要用心倾听群众的诉求，感受他们的疾苦（停顿2～3秒，眼神坚定），切实为他们解决问题。”（借助停顿，强化了对信访工作重要性的情感表达）

其三，强调重点，特意停顿。通过特意停顿来强调，既能转移注意力，又有助于找回思路。

例如，在一场关于经济高质量发展的讲话中，我们可以说：“推动经济高质量发展，关键在于创新驱动（停顿2～3秒，加重语气），只有不断创新，才能在激烈的竞争中立于不败之地。”（停顿突出了重点，让听众更易记住关键信息）

又如，在一场关于财政局工作的讲话中，我们可以说：“财政资金的合理分配，是保障各项事业发展的基础（停顿2～3秒），每一分钱都要用在刀刃上。”（通过停顿强调重点，使讲话更有力度）

▶合理跳过

如果忘词的部分实在难以短时间内想起，不妨合理跳过，继续后面的内容，避免长时间停顿带来的尴尬。

其一，关联内容，直接跳过。我们可以寻找与当前内容相关联的部分，直接跳过遗忘的内容，从关联处继续讲下去。

例如，在一场关于招商服务工作的讲话中，原本准备说："我们在招商引资过程中，要注重项目的质量，对引进的企业进行严格筛选，从企业的行业前景、技术实力等多方面考量……还要积极为企业提供优质的后续服务。"若忘记了中间对企业筛选的部分，我们可以说："我们在招商引资过程中，要注重项目的质量，积极为企业提供优质的后续服务……"（直接从关联的"提供服务"部分继续，保持讲话的连贯性）

又如，在一场关于重点项目服务工作的讲话中，假设忘记了重点项目推进过程中某一环节的具体措施，原本要说："在重点项目推进中，我们要做好前期规划，合理安排施工进度，严格把控工程质量……还要及时协调解决项目中出现的问题。"我们可以跳过遗忘部分，说："在重点项目推进中，我们要做好前期规划，及时协调解决项目中出现的问题……"（通过关联内容的衔接，巧妙跳过忘词部分）

其二，总结前文，跳过忘词。先对前面讲过的内容进行简短总结，然后顺势跳过忘词部分，开启新的内容。

例如，在一场关于经信局工作的讲话中，我们可以说："前面我们提到了经信局在推动工业企业转型升级方面做了诸多工作，包括鼓励企业技术创新、引导产业结构调整等。那么接下来，我们看看在优化企业营商环境方面，我们还需要做些什么……"（通过总结前文，自然地跳过忘词部分，过渡到新内容）

又如，在一场关于金融监管工作的讲话中，我们可以说："回顾一下，我们强调了金融监管局在防范金融风险、维护金融市场稳定方面

的重要职责。现在，我们把目光转向如何提升金融服务实体经济的能力……”（利用总结前文，成功跳过遗忘内容，保持讲话流畅）

其三，过渡衔接，巧妙跳过。运用过渡性的语句，巧妙跳过忘词部分，使讲话前后衔接自然。

例如，在一场关于公积金工作的讲话中，我们可以说：“公积金政策的落实关系到广大职工的切身利益，在缴存、提取等方面我们都有明确的规定。在实际工作中，除了这些基础工作，我们更要关注的是如何进一步提高公积金的使用效率……”（这里通过过渡语“除了这些基础工作，我们更要关注的是”，巧妙跳过可能遗忘的部分，引入新内容）

又如，在一场关于税务工作的讲话中，我们可以说：“税收征管工作的准确性和效率至关重要，我们采取了一系列措施来加强税收征管。与此同时，我们也要思考如何优化纳税服务，为纳税人提供更加便捷的办税体验……”（利用过渡语句，顺利跳过忘词部分，推进讲话进程）

▶现场互动

忘词时，通过与现场听众互动，既能缓解自身紧张情绪，争取回忆时间，又能活跃现场气氛，拉近与听众的距离。

其一，提问互动法。向听众提出与讲话主题相关的问题。

例如，在一场关于统计工作的讲话中，我们可以说：“统计数据的准确性至关重要，它直接影响到决策的科学性。（忘词，提问互动）大家在日常接触统计数据时，有没有发现过数据不准确的情况呢？”（提问互动，争取回忆时间）

又如，在一场关于气象工作的讲话中，我们可以说：“气象灾害对人们的生活和生产影响巨大。（忘词，发起提问）大家能举例说说身边受到气象灾害影响的事例吗？”（通过提问，掩饰忘词并找回思路）

其二，引导分享法。引导听众分享自己的相关经验、故事或见解。

例如，在一场关于烟草专卖工作的讲话中，我们可以说：“在打击非法烟草经营方面，我们面临着诸多挑战。（忘词，引导分享）在座的如果有遇到过相关情况的，欢迎分享一下你们的经历。”（引导分享，缓解忘词压力）

又如，在一场关于公安工作的讲话中，我们可以说：“维护社会治安离不开大家的支持与配合。（忘词，邀请分享）大家在日常生活中，有没有参与过维护治安的行动呢？可以和我们讲讲。”（以分享互动，应对忘词状况）

其三，征求建议法。向听众征求对讲话主题或相关工作的建议。

例如，在一场关于法院工作的讲话中，我们可以说：“在提高司法效率方面，我们一直在努力探索。（忘词，请求建议）大家对进一步提升司法效率有什么建议呢？”（征求建议，利用互动回忆内容）

又如，在一场关于检察院工作的讲话中，我们可以说：“在强化法律监督职能上，我们还有很多工作要做。（忘词，寻求建议）各位对检察院更好地履行监督职责有什么想法或建议呢？”（借助建议互动，化解忘词难题）

48

突然被打断

在发言讲话过程中，讲话突然被打断是较为常见的突发状况。若处理不当，会影响讲话节奏与效果。掌握妥善的应对方法，能化解尴尬，保障讲话顺利进行。

▶礼貌回应

被打断时，务必保持礼貌态度，这能体现个人修养，缓解紧张气氛，为妥善处理被打断情况奠定良好基础。

其一，友好接纳。无论被谁打断，都要以友善姿态回应，用温和语言表达倾听意愿。

例如，在一场关于法律援助工作的讲话中，我们可以说："没关系，请您提问，我很乐意听听您的想法。"（以温和的话语，展现开放包容的态度，让提问者感受到尊重）

又如，在一场关于拥军优属政策解读会上，我们可以说："没问题，您请讲，大家一起交流交流。"（用亲切的语言，营造轻松的交流氛围）

其二，委婉提醒。若遇到无礼打断，要用委婉语言表达感受，维护良好交流秩序。

例如，在一场关于交通规划的讲话中，我们可以说："咱们先有序交流，这样能让每个人都充分表达观点，您看怎么样？"（既表达了自己的诉求，又不会引发冲突）

又如，在一场关于城市规划方案的讨论会上，我们可以说："希望大家能依次发言，这样更有助于我们高效探讨规划方案。"（以委婉方式提醒，促进会议有序进行）

其三，表达感谢。即便打断可能打乱思路，也可适时表达感谢，显示大度。

例如，在一场关于乡村产业发展的讲话中，我们可以说："感谢您的发言，这让我们的讨论更全面了。"（用感谢的话语，肯定对方的参与，促进积极交流）

又如，在一场关于安全工作会议上，我们可以说："谢谢您的提醒，这对我们完善安全工作很有帮助。"（展现积极态度，推动会议顺利开展）

▶理解问题

面对打断，迅速理解对方意图，明确问题核心，才能做出有效回应，避免答非所问。

其一，捕捉关键信息。认真倾听打断者话语，快速提取核心问题，把握对方关注焦点，为精准回应做准备。

例如，在一场关于经济责任审计的讲话中，我们可以说："您刚刚提到的项目资金流向问题，确实是审计工作的重点，我接下来就会详细说明这部分内容。"（紧扣问题，表明后续安排）

又如，在一场关于经济数据统计的讲话中，我们可以说："您质疑的数据统计口径问题，我非常理解，接下来我会从多个维度解释数据来源。"（直击疑问，体现专业性）

其二，分析深层需求。透过表面问题，挖掘打断者潜在需求，提供更全面、有针对性的解答。

例如，在一场关于市场监管执法的讲话中，我们可以说："您询问的处罚标准问题，背后是对执法公正性的关注，我不仅会说明标准，还会分享我们的监督机制。"（洞悉需求，丰富回应内容）

又如，在一场关于污染防治攻坚的讲话中，我们可以说："您关心的治理成效问题，我们将从短期成果和长期规划两方面来看，给您一个完整的解答。"（拓展回应维度，满足深层需求）

其三，确认理解无误。重复或总结对方问题，与打断者确认理解是否正确，避免因误解导致沟通偏差。

例如，在一场关于老旧小区改造的讲话中，我们可以说："您主要是担心改造期间的居住安全和施工进度，我理解得对吗？接下来我着重解答这两点。"（双向确认，确保沟通准确）

又如，在一场关于机构编制优化的讲话中，我们可以说："您关注的是部门职能划分问题吧？我来详细阐述调整方案。"（消除歧义，提高沟通效率）

▶全面回答

回应打断时，给出完整、清晰的答案，展现专业能力，同时将回答与讲话主题自然衔接，保障内容连贯性。

其一，条理清晰阐述。采用分点、列步骤等方式，逻辑分明地回答问题，让听众易于理解和接受。

例如，在一场关于干部教育培训的讲话中，我们可以说："关于课程设置的问题，我从三个方面回答：一是课程目标定位，二是内容模块构成，三是实践环节安排。"（结构化回应，层次分明）

又如，在一场关于科技创新扶持政策的讲话中，我们可以说："针对您问的申报流程，我按准备材料、提交申请、审核反馈三个阶段来讲解。"（有序解答，便于听众把握）

其二，结合实际案例。用具体事例辅助说明，增强回答的说服力和可信度，帮助听众更好理解。

例如，在一场关于社会救助体系的讲话中，我们可以说："您提到的救助标准落实问题，以李大爷家为例，通过我们的精准帮扶，他家生活得到了明显改善，我给大家详细讲讲过程。"（以实例佐证，生动直观）

又如，在一场关于就业创业政策的讲话中，我们可以说："关于创业补贴申请，小张的成功案例很有代表性，我结合他的经历来解读政策要点。"（借案例释疑，贴近实际）

其三，关联讲话主题。回答结束后，巧妙将话题引回讲话主线，确保整体逻辑连贯，推进后续内容。

例如，在一场关于商贸流通发展的讲话中，我们可以说："以上就是对跨境电商扶持政策的解答，回到我们今天的主题，接下来谈谈如何借助这些政策推动本地商贸升级。"（自然过渡，紧扣主题）

又如，在一场关于文旅融合发展的讲话中，我们可以说："关于景区服务提升的问题就说到这里，下面继续探讨如何通过文旅融合打造更优质的旅游体验。"（无缝衔接，保持节奏）

49

气氛不佳

发言讲话时，若现场气氛沉闷，不仅影响听众的接受度，还会削弱讲话效果。掌握实用技巧活跃气氛，能让讲话更具感染力与吸引力。

▶幽默开场，快速拉近距离

用幽默的方式开场能快速吸引听众注意力，打破现场的沉闷。

其一，自嘲式幽默。通过调侃自身的小缺点或糗事，展现亲和力，让听众放下防备。

例如，在一场关于融媒体工作的讲话中，我们可以说："大家别看我现在站得笔直，其实刚上台时腿还在打战，毕竟在座各位都是玩转新媒体的高手，我可得严阵以待。"（以自身紧张状态自嘲，消除距离感）

又如，在一场关于卫生健康工作的讲话中，我们可以说："别人总说我天天讲健康，自己却熬夜写材料，今天我来就是向大家'求救'，一起探讨如何科学养生。"（用反差自嘲引发共鸣）

其二，热点式幽默。结合当下热门事件、网络热梗，增强话语的趣味性。

例如，在一场关于城市管理工作的讲话中，我们可以说："最近大家都在说'特种兵式旅游'，咱们城管队员每天也是'特种兵'，穿梭

在城市的大街小巷，守护市容市貌。”（借用热词类比工作状态）

又如，在一场关于医疗保障工作的讲话中，我们可以说：“现在流行‘拼单’，其实咱们医保政策也是‘拼单’福利，大家一起参保，就能拼出更大的医疗保障。”（巧用流行概念解释政策）

其三，悬念式幽默。抛出有趣的悬念，勾起听众好奇心。

例如，在一场关于水利和湖泊工作的讲话中，我们可以说：“最近我发现一个秘密，咱们城市的水系藏着‘超级英雄’，今天就带大家揭开它们的神秘面纱。”（制造悬念引发兴趣）

又如，在一场关于政务服务和大数据管理工作的讲话中，我们可以说：“你们知道吗？现在有一群‘数字魔法师’，能让大家办事像‘点外卖’一样方便，他们就在我们局里。”（用比喻和悬念吸引听众）

▶ 互动提问，调动参与热情

通过提问与听众互动，能让他们从被动倾听转为主动思考。

其一，开放式提问。提出没有固定答案的问题，鼓励听众自由表达。

例如，在一场关于公共资源交易工作的讲话中，我们可以说：“大家觉得，怎样才能让公共资源交易更公开透明？欢迎畅所欲言。”（激发听众思考与表达）

又如，在一场关于公共检验检测工作的讲话中，我们可以说：“在生活中，大家最关心哪些产品的检验检测结果呢？”（引导听众分享想法）

其二，选择式提问。给出选项，降低回答难度，提升参与度。

例如，在一场关于医院工作的讲话中，我们可以说：“大家觉得，

提升就医体验，是优化挂号流程更重要，还是改善病房环境更迫切呢？”（方便听众快速回应）

又如，在一场关于人才工作会议的讲话中，我们可以说：“对于吸引人才，是优厚的薪资待遇更有吸引力，还是良好的发展平台更关键？”（引发听众思考与选择）

其三，反问式提问。用反问强化观点，引发听众共鸣。

例如，在一场关于优化营商环境工作的讲话中，我们可以说：“良好的营商环境能助力企业发展，这不正是我们所期望的吗？”（强化观点，引发认同）

又如，在一场关于社区治理工作的讲话中，我们可以说：“社区和谐了，我们的生活才会更美好，大家说是不是？”（拉近与听众的情感距离）

▶故事穿插，增强情感共鸣

讲述生动故事，能让抽象内容变得具体，牢牢抓住听众注意力。

其一，个人经历故事。分享自己的真实经历，让听众感同身受。

例如，在一场关于教育工作的讲话中，我们可以说：“我曾经遇到一位学生，从厌学叛逆到爱上学习，这个转变过程让我深刻体会到教育的力量。”（用真实经历传递观点）

又如，在一场关于乡村振兴工作的讲话中，我们可以说：“去年我去一个村子，看到村民通过发展特色产业脱贫致富，他们的笑容至今让我难忘。”（以亲身见闻展现成果）

其二，典型人物故事。讲述行业内的榜样事迹，传递正能量。

例如，在一场关于消防工作的讲话中，我们可以说：“消防队员小

李在火灾现场连续奋战十小时，救出被困群众，他的故事就是消防员精神的缩影。”（用榜样事迹激励听众）

又如，在一场关于环保工作的讲话中，我们可以说：“张大爷坚持二十年义务植树，让荒山变绿洲，他的坚持值得我们每个人学习。”（以人物事迹引发敬佩）

其三，寓言哲理故事。用简短的寓言故事阐述深刻道理。

例如，在一场关于团队建设工作的讲话中，我们可以说：“‘三个和尚没水喝’的故事大家都听过，这告诉我们团队协作中明确分工有多重要。”（借寓言点明道理）

又如，在一场关于创新工作的讲话中，我们可以说：“乌鸦喝水的故事里，乌鸦用石子让水位上升，这启示我们遇到问题要勇于创新方法。”（以故事启发思考）

50

设备故障

在发言讲话时，设备故障这类突发状况总是防不胜防。当它出现，千万别慌，掌握巧妙应对之策，就能轻松化解尴尬，让讲话顺利推进。

▶幽默调侃，化解尴尬

设备出故障，现场气氛往往瞬间紧张起来，此时用幽默调侃的方式回应，能迅速打破僵局。

其一，调侃故障和自我状态。拿自己和故障设备“开涮”，降低姿态，展现亲和力。

例如，在一场关于工作经验分享的讲话中，投影仪突然罢工，我们可以笑着说：“这投影仪估计是看我讲得太投入，也想抢抢风头，跟我闹点小脾气，大家少安勿躁，给它点时间冷静冷静。”（以幽默想象赋予设备“闹脾气”人格，将自身与故障关联，缓解紧张）

又如，在一次政策解读会上，音响没了声音，我们可以笑着说：“看来这音响知道今天政策重要，想让大家全神贯注听我讲，自己先‘静音’了，那我可得把音量再提高点。”（把音响故障归因于配合自己，顺势调侃自身音量，拉近与听众的距离）

其二，调侃听众反应。巧妙提及听众的惊讶或好奇，拉近与他们的距离。

例如，在一场文化交流活动讲话中，麦克风故障，我们可以笑着说："看大家这专注的眼神，是不是麦克风都感受到压力，不敢出声了，我得靠自己的'洪荒之力'让声音传遍全场。"（借听众专注调侃麦克风，以夸张表述展现自信）

又如，在一场关于安全教育的讲话中，播放视频的设备坏了，我们可以笑着说："是不是大家对安全知识太渴望，这设备都承受不住大家的热情，不过没关系，我单枪匹马也能把重点讲得明明白白。"（将设备故障与听众热情挂钩，强调自身讲解能力）

▶互动交流，转移焦点

设备故障时，与听众展开互动，既能转移大家对故障的注意力，又能活跃现场氛围，让讲话更具参与感。

其一，提问引导思考。抛出与讲话主题相关的问题，促使听众动脑，沉浸在内容中。

例如，在一场关于城市规划的讲话中，PPT 无法播放，我们可以说："大家想象一下，咱们城市未来 5 年，交通方面最需要改善的是什么地方？"（借助提问激发听众思考，弥补 PPT 缺失内容）

又如，在一场关于教育改革的讲话中，电脑故障，我们可以说："各位家长，你们觉得孩子在学习中，最需要培养的能力是什么？"（针对听众身份提问，将注意力引向讲话核心）

其二，邀请分享经历。鼓励听众分享自身相关经历，丰富讲话素材。

例如，在一场关于健康生活的讲话中，健身器材演示设备出问题，我们可以说："在场肯定有健身达人，有没有哪位愿意分享下自己坚持健身的小窍门和难忘经历？"（以"健身达人"称呼激发听众分享欲，填充讲话空白）

又如，在一场关于环保的讲话中，环保监测设备故障，我们可以说："有没有朋友在日常生活中，有特别好的环保小妙招，给大家讲讲。"（面向大众征集妙招，让听众成为讲话一部分）

其三，组织简单活动。开展与主题契合的简单活动，促使听众参与，缓解故障带来的影响。

例如，在一场关于企业文化建设的讲话中，多媒体设备故障，我们可以说："现在咱们可以分组讨论下，在大家心中，最能代表咱们企业文化的一个关键词是什么，以及为什么是这个词。5 分钟之后请每组推选一位代表发言。"（通过分组讨论凝聚听众注意力，深入探讨企业文化）

▶回顾总结，延续内容

借助设备故障的间隙，对之前讲话内容回顾总结，强化听众记忆，也为故障修复争取时间，还能自然过渡到后续内容。

其一，要点梳理。清晰重述关键要点，加深听众印象。

例如，在一场关于市场营销策略的讲话中，设备出问题，我们可以说："刚刚给大家讲了咱们新的营销策略，核心就是精准定位目标客户、创新推广渠道、优化产品服务这三点。"（简洁罗列要点，助力听众梳理思路）

又如，在一场关于项目管理的讲话中，设备出问题，我们可以说："前面提到项目管理的关键环节，从计划制订、资源分配到进度把控，每个环节都至关重要。"（回顾环节内容，强调项目管理连贯性）

其二，案例回顾。选取典型案例再讲述，巩固理解。

例如，在一场关于科技创新成果的讲话中，投影仪故障，我们可以说："就像之前提到的那个智能医疗设备创新案例，通过引入新技术，大大提高了诊断效率，给患者带来诸多便利……"（重提案例强化成果认知，弥补视觉展示缺失）

又如，在一场关于乡村振兴的讲话中，视频播放设备坏了，我们可以说："之前说的那个通过发展特色农产品实现乡村致富的村子，他们的成功经验很值得借鉴……"（以成功村为例，加深乡村振兴路径印象）

其三，意义强调。阐述内容深层意义，引发听众共鸣。

例如，在一场关于职业发展规划的讲话中，设备出问题，我们可以说："规划职业发展，不仅是为了个人收入提高，更是为了实现自我价值，在社会中找准定位……"（升华职业规划意义，引发听众内心思考）

又如，在一场关于社区建设的讲话中，设备出问题，我们可以说："加强社区建设，关系到我们每个人的生活质量和幸福感，大家都是其中重要的一环……"（点明社区建设与听众关联，凝聚认同感）

/后 记/

AI 时代，讲话艺术的传承与创新

在 AI 浪潮汹涌袭来的当下，信息传播与表达方式正经历着翻天覆地的变革。人们获取知识、与人交流的方式变得越发多元和便捷，不少人会疑惑，在这样的时代背景下，像《公众讲话出彩 50 招》这类聚焦传统表达技巧的书籍，是否还有阅读的必要？答案是肯定的。这本书不仅不会被 AI 取代，反而在当下具有不可忽视的价值，且与 AI 有着广阔的结合空间。

一、汲取人文精髓，坚守表达温度

AI 虽能生成看似逻辑严谨、辞藻华丽的讲话文稿，但它缺乏人类的情感与温度。书中所倡导的人文关怀，是 AI 永远无法替代的。我们在讲话时，需要设身处地站在听众的角度，用充满温度的语言去关心他们的需求、回应他们的关切，让每一个字都能传递真诚与善意。《公众讲话出彩 50 招》中大量鲜活案例与表达技巧，能帮助我们从传统文化与现实生活中汲取人文精髓，让讲话成为连接人心的桥梁，而不是冰冷的文字堆砌，这正是其在 AI 时代的核心价值所在。

二、锤炼思维能力，强化表达根基

书中从塑造强大气场、厘清讲话思路、巧用讲话公式、提升语言趣味、应对突发状况五个方面进行了系统论述与方法指导，为我们构建起完整的思维训练体系。在AI辅助创作日益普遍的今天，我们不能过度依赖AI，而要拥有独立思考、深度分析的能力。通过学习书中方法，我们能够厘清逻辑脉络，精准提炼核心观点，快速组织语言结构，在面对复杂问题时保持清晰思路。在突发状况下，也能凭借训练有素的思维能力随机应变。这些思维能力是AI创作的“指挥棒”，只有具备扎实的思维基础，才能更好地驾驭AI，让其为我所用。

三、借助AI赋能，拓展表达边界

《公众讲话出彩50招》与AI并非相互对立，而是可以相辅相成。我们可以利用AI丰富的信息资源，为讲话提供更多素材。比如，在准备工作汇报时，借助AI搜索相关数据、案例，节省时间且获取更全面信息。在提升语言趣味方面，通过AI学习热门流行语句、有趣故事，进一步丰富讲话内容。此外，AI还能对已完成的讲话内容进行语言优化，像调整语句通顺度、替换更精准的词汇等。但在这一过程中，我们要以书中的表达原则为指引，筛选、整合AI提供的信息，确保讲话的质量与风格符合身份和场合要求。

在AI时代，《公众讲话出彩50招》为党员干部提供了坚实的表达基础，而AI则为提升表达能力创造了更多可能。党员干部应将二者有机结合，不断提升自己的讲话水平，在工作和生活中更好地发挥引领作用，传递党的声音，凝聚各方力量。

聂鑫

2025年8月20日